플루타르코스
영웅전 3

플루타르코스 영웅전 3

플루타르코스 지음 | 이다희 옮김 | 이윤기 기획

1판 1쇄 발행 | 2010. 12. 20

발행처 | **Human & Books**
발행인 | 하응백
출판등록 | 2002년 6월 5일 제2002-113호
서울특별시 종로구 경운동 88 수운회관 1009호
기획 홍보부 | 02-6327-3535, 편집부 | 02-6327-3537, 팩시밀리 | 02-6327-5353
이메일 | hbooks@empal.com

Translation copyright ⓒ 이다희

값은 뒤표지에 있습니다.
ISBN 978-89-6078-104-7 04890
ISBN 978-89-6078-102-3 04890 (세트)

플루타르코스 영웅전 3

플루타르코스 지음 ― **이다희** 옮김 ― **이윤기** 기획

Human & Books

PLUTARCH
LIVES

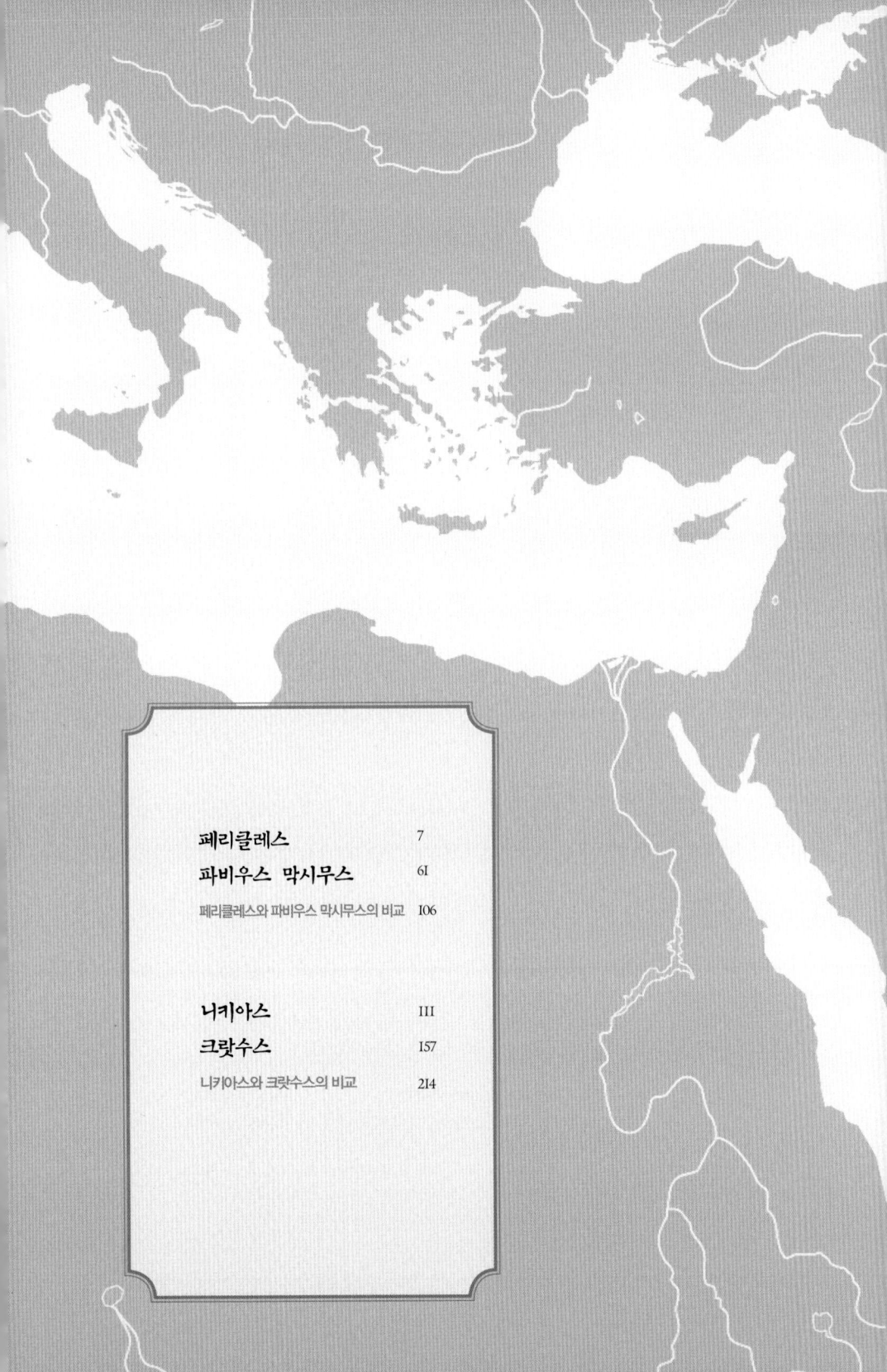

페리클레스	7
파비우스 막시무스	61
페리클레스와 파비우스 막시무스의 비교	106
니키아스	111
크랏수스	157
니키아스와 크랏수스의 비교	214

일러두기

I. 이 책은 1914년 출간된 페린(Bernadotte Perrin)의 영역본 『PLUTARCH LIVES』(Havard University Press)를 바탕으로 번역하였다. 페린의 영역본은 영미권에서 가장 권위 있는 플루타르코스 영웅전 번역본으로 알려져 있다. 이 영역본은 그리스어와 영어가 원전 대비 형태로 편집되어 있다. 따라서 이 책의 번역도 영역을 기준으로 하되, 애매한 부분은 그리스어 표현을 참고하였다.

II. * 표시가 된 부분은 책의 가독성을 위해 생략한 부분을 표시한 것이다. 대부분 언어의 기원, 관습의 유래 등을 설명하는 내용들로 이야기의 흐름에 크게 지장을 주지 않을 부분만 생략했다.

III. 그리스 인명과 신의 이름은 그리스식으로, 로마 인명과 신의 이름은 로마식으로 표기하였다. 지명도 고대식으로 표기하였으며, 설명이 필요한 곳에서는 현대식 표기를 덧붙여 두었다.

　　　ex. 이집트 → 아이귑토스, 아테네 → 아테나이, 피타고라스 → 퓌타고라스

페리클레스

페리클레스

I.

    로마에 사는 몇몇 부유한 외국인들이 강아지나 어린 원숭이를 품에 안고 다니며 쓰다듬는 것을 본 카이사르 아우구스투스는 이렇게 물었다고 한다.
    "그 나라 여인들은 아이를 갖지 못한답니까?"
    사람에게는 사랑과 애정을 품는 타고난 소질이 있다. 오로지 인간을 향해야 하는 이 소질을 동물에게 낭비하는 사람들을 카이사르는 위엄 있게 꾸짖은 것이다. 마찬가지로, 우리의 영혼은 무엇을 배우고 눈에 담는 것에 대한 커다란 애정이 있다. 이 애정을 눈이나 귀에 담을 가치가 없는 것들에 낭비함으로써 좋고 유익한 것들을 무시하는 사람들 또한 꾸중을 들어 마땅할 것이다.
    외부를 향한 우리의 감각은 그 대상이 감각에 미치는 영향에 따라 그것을 이해할 뿐이라서, 쓸모가 있든 없든 드러난 모든 것을 감지할 수밖에 없다. 그러나 정신 활동을 할 때 사람은 타고난 능력에 따라 언제든 마음대로 대상을 외면하거나, 특별히 애쓰지 않고도 자신이 정한 대상으로 정신을 돌릴 수 있다. 그러므로 최고의 대상을 추구하는 것이 바람직하다. 단순히 그 대상을 마음에 담는 것에서 끝내는 것이 아니라, 추구의 대상을 마음에 담음으로써 자신의 마음을 바로잡는 것으로 나아가야 한다.

색상은 그 신선함과 유쾌함이 시각을 어루만지면 눈에 알맞다고 할 수 있다. 우리의 지적 시각 역시, 자체적인 매력으로 자기 고유의 선善으로 이끄는 대상을 바라보는 데 이용해야 한다.

그러한 대상은 곧 '탁월함으로 충만한 업적'에서 찾아볼 수 있다. 탁월함으로 충만한 업적은 그것을 추구하는 이들에게 크고 뜨거운 열정을 심어주며, 이는 모방으로 이어진다. 그 밖의 업적에 대한 존경심은 곧바로 그것을 행하고자 하는 충동으로 이어지지는 않는다. 오히려 정반대인 경우가 많다. 우리는 어떠한 결과물을 즐기면서도 그것을 만든 사람을 혐오하곤 한다. 예를 들자면 향수와 염료의 경우가 그렇다. 우리는 향수와 염료를 무척 좋아하지만 향수와 염료 제조공은 교양이 없고 저속하다고 생각한다. 따라서 이스메니아스가 훌륭한 피리 연주자라는 것을 듣고 안티스테네스가 한 말은 적절했다.

• 고대 그리스의 피리 아울로스를 부는 악사. 루브르 박물관.

"그자, 아무짝에도 쓸모가 없는 사람일세. 그렇지 않다면 피리를 그렇게 잘 불 리가 있겠나?"

또 필립포스는 포도주가 돌아가는 동안 예쁘고 능숙하게 현을 뜯고 있던 아들에게 이렇게 말한 적도 있다.

"그렇게 현을 잘 뜯다니 부끄럽지도 않느냐?"

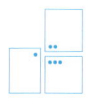

• 필립포스의 아들 알렉산드로스. 자크 라이히의 식각 판화.
•• 마케도니아의 필립포스. 아들이 바로 위대한 정복자 알렉산드로스이다.
••• 필립포스의 얼굴이 새겨진 대형 메달.

실로 제왕은 남이 현을 뜯는 것을 들을 여유가 있다면 그것으로 족하고 그들이 실력을 겨루는 모습을 지켜보는 것만으로 무사이 여신들에게 지극한 경의를 표한다.

II.

저급한 일에 손을 놀리며 노동하는 행위는, 쓸모없는 일에 수고를 낭비하는 일이라는 점에서 보다 숭고한 일에 대한 무관심의 증거가 된다. 고귀한 젊은이라면 피사의 제우스나 아르고스의 헤라 상을 봤다고 해서 그것을 만든 페이디아스나 폴뤼클레이토스가 되고 싶어 하지는 않을 것이다. 아나크레온이나 필레타스, 아르킬로코스의 시가 좋다고 해서 그런 시인이 되고 싶어 하지도 않을 것이다. 작품의 아름다움이 기쁨을 준다고 해서 그것을 만든 이를 마땅히 존경해야 한다는 법은 없다. 보고도 가슴에 모방의 열정이 피어오르지 않는다면, 영혼이 고무되어 같은 일을 이루려는 뜨거운 열정을 일깨우지 않는다면, 바라보는 이에게 그 대상은 아무런 도움도 되지 못한다.

그러나 탁월함으로 충만한 업적은 곧장 사람의 마음을 움직여, 그 탁월한 업적을 우러러보는 동시에 그 일을 달성한 사람을 본받고 싶게 만든다. 우리는 행운으로부터 나오는 좋은 것들을 갖고 또 즐기고 싶어하며 탁월함으로부터 나오는 좋은 것들은 행하고 싶어 한다. 앞의 것은 다른 이들 덕분에 내가 갖게 되는 것을 꺼리지 않으나 뒤의 것은 내 덕분에 다른 이들이 갖게 되기를 바란다. 좋음은 그것을 향한 바쁜 움직임을 만들어내는 동시에 바라보는 이에게, 행동으로 이어지는 충동을 심는다.

• 페리클레스의 흉상. 플루타르코스의 말처럼 투구를 쓴 모습이다.
•• 역시 투구를 쓰고 있는 페리클레스의 모습.

바라보는 사람은 좋음의 이상적인 사례를 보는 것만으로 성격이 형성되고 나아가 좋음의 작용에 대한 탐구를 통해 중대한 목적을 갖게 된다.

이러한 이유에서 나는 이 비교열전을 계속 쓰기로 결심하고 열 번째 편을 집필했다. 이 안에는 페리클레스와, 한니발과 긴 전쟁을 했던 파비우스 막시무스의 삶이 담겨 있다. 두 사람은 탁월함의 측면에서 비슷하였다. 특히 온화하고 올곧은 품성이 닮아 있었으며, 아랫사람들과 관직에 있는 동료들의 잘못을 견디어 내는 능력이 있었다. 이는 나라에 큰 도움이 되었다. 그러나 내가 올바른 과녁을 적절히 겨누었는가 하는 점은 읽고 판단하기 바란다.

III.

페리클레스는 아카만티스 퓔레* 사람이었고, 출신 데모스는 콜라르고스로 외가와 친가 모두 혈통이 뛰어난 집안이었다. 뮈칼레에서 왕의 장군들을 패배시킨 아버지 크산팁포스는 클레이스테네스의 손녀 아가리스테와 결혼했다. 클레이스테네스는 페이시스트라토스의 아들들을 쫓아내 폭정을 끝내고 법을 만들었으며 조화와 안정을 추구하는 데 가장 알맞은 체제를 수립한 장본인이다. 아가리스테는 사자를 낳는 꿈을 꾸고 며칠 뒤 페리클레스를 낳았다. 페리클레스의 외모는 한 가지를 제외하고 흠잡을 데가 없었는데, 그 한 가지는 머리가 다소 길어 비례가 적절하지 않은 점이었다. 이런 이유로 페리클레스는 거의 모든 경우 투구를 쓴 모습으로 묘사되고 있는데 이는 예술가들이 그의 신체적 결함을 흠잡고 싶어 하지 않았기 때문이다.*

• 씨족 집단. (『뤼쿠르고스』편, V.) 각 퓔레에는 여러 데모스, 즉 마을 단위가 속해 있었다.

IV.

대부분의 저자들이 전하는 바에 따르면 페리클레스의 음악 스승은 다몬이었다.* 그러나 아리스토텔레스의 말에 따르면, 그가 퓌토클레이데스에게 철저한 음악 훈련을 받았다고 한다.*

그러나 페리클레스와 가장 가까이 지낸 사람은 클라조메나이 사람 아낙사고라스로, 그가 페리클레스에게 가르친 위엄 있는 태도는 페리클레스의 말에 그 어느 민중 선동가의 호소보다 더 큰 무게를 실어주었다. 그는 또 페리클레스의 품격을 높이고 찬미할 줄 알았다.*

V.

페리클레스는 아낙사고라스를 아낌없이 존경했고 그의 드높은 철학과 고상한 생각들로 서서히 차올라, 진중한 정신을 갖게 되었으며 저급하고 분별없는 막말을 피하고 숭고한 언행을 일삼은 것으로 보인다. 그뿐 아니라 늘 차분한 안색을 유지했고 결코 풀어져 웃음을 터뜨리거나 하지 않았으며 품행과 복장은 방정하였고 말하는 동안에는 그 어떤 감정에도 흐트러지지 않았다. 목소리의 높낮이도 적당하여 전혀 소란스럽지 않았으며, 그 밖에도 이와 비슷한 특성들 덕분에 듣는 이들은 하나같이 경이로움에 휩싸이곤 하였다.

• 『아낙사고라스와 페리클레스』, 오귀스탱 루이 벨.

실제로 다음과 같은 일도 있었다. 페리클레스가 급한 용무를 보러 시장에 갔는데 어느 저급하고 비열한 젊은이가 그를 하루 종일 괴롭히고 욕했다. 그러나 페리클레스는 이를 묵묵히 견뎌냈고 저녁 무렵 초연히 집으로 향했다. 젊은이는 그를 계속 따라오며 온갖 무례한 말을 쏟아 부었다. 페리클레스는 집 안으로 들어가기 전에 밖이 깜깜해진 것을 보고는, 하인에게 횃불을 하나 건네주면서 말했다.

"어둡구나, 저 녀석을 집까지 바래다주어라."

그러나 이온이라는 시인은 페리클레스가 건방지고 다소 거만한 말투로 이야기하곤 했으며, 그의 오만함에는 타인에 대한 멸시와 모욕이 적잖게 들어 있었다고 말한다. 반면 키몬은 공적 대화에서 요령이 있는 고분고분하고 우아한 언행을 보였다며 칭송한다. 그러니 이온은 무시하도록 하자. 그는 탁월함이 4부작 연극처럼 광대극을 포함하고 있어야 한다고 생각하는 사람이었다. 제논은 사람들이 페리클레스의 준엄함을 보고 단순한 명예욕이자 지나친 자만심이라고 했을 때, 이렇게 말했다.

"그대들도 명예욕을 좀 가져보지 그러오."

이것은 고귀한 척하는 것만으로도 어느새 무의식적으로, 그러나 열정적이고 습관적으로 고귀한 행위를 하게 된다는 생각을 바탕으로 하고 있다.

VI.

페리클레스가 아낙사고라스와의 관계에서 얻은 이득은 이것뿐만이 아니다. 그는 아낙사고라스 덕분에 미신 또한 넘어선 것으로 보인다. 미신은 우리 위에 있는 영역에서 벌어지는 일들에 대한 놀라움으로 인해 갖게 되는 믿음이다. 이 믿음은 그러한 일들의 원인에 대해 무지한 사람들에게 영향을 끼친다. 그들은 신들의 개입에 광적인 관심을 보이고 이 영역에 대한 무경험으로 인해 혼란을 느낀다. 반면 자연철학의 법칙은 그러한 무지와 무경험을 제거하고, 두려움과 흥분을 일으키는 미신의 자리에 바람직한 희망을 수반한 확고한 경외심을 놓는다.

VII.

젊은 시절 페리클레스는 사람들 앞에 나서는 것을 매우 꺼렸다. 그의 생김새가 참주 페이시스트라토스와 비슷하다고 여겨졌기 때문이다. 또 나이가 지긋한 어른들은 그의 목소리가 달콤하고 언변이 유창하며 말이 빠른 것을 보고는 그 또한 페이시스트라토스와 닮았다며 무척 감탄했다. 게다가 부유하고 혈통도 뛰어난 데다, 영향력이 최고인 친구들을 갖고 있었으므로, 도편 추방의 두려움 때문에 그는 정치에는 손도 대지 않으려고 했다. 따라서 용감하고 적극적이었던 그는 먼저 군인으로서의 인생에 투신했다.

그러나 아리스테이데스가 죽고 테미스토클레스가 추방되었을 당시, 키몬마저 원정으로 인해 대부분의 시간을 외국에서 보내게 되자 결국 페리클레스는 민중을 위해 몸 바치기로 했다. 부유한 소수보다 가난한 다수의 뜻을 위해 일하기로 한 것이었다. 이것은 그 어떤 의미에서도 대중적이지 않은 그의 본성을 거스르는 일이었다. 독재가 목적이라는 의심을 살까봐 두렵기도 했다. 그러나 귀족들에 대한 애정으로 가득한 키몬이 '선하고 진실한 이들로 이루어진 당파'의 특별한 지지를 받고 있는 것을 보고는 대중의 호감을 얻으려 애쓰기 시작했다. 그로써 자신의 안전을 확보하고 경쟁자를 상대할 힘을 얻으려 한 것이다.*

곧장 생활방식도 바로잡았다. 시내에서 페리클레스를 볼 수 있는 거리는 한 곳뿐이었다. 바로 시장과 의회로 가는 길이었다. 저녁 식사라든가 그 밖의 친구들과의 사적인 만남은 거절했는데 그가 나라를 다스렸던 기나긴 기간 동안 식사를 하러 친구의 집에 간 적은 단 한 번도 없었다. 단 한 번, 친척 에우뤼프톨레모스가 결혼 피로연을 열었을 때 방문했으나 제주를 따르는 의식이 끝나자마자 일어나 자리를 떴다. 흥거운 잔치는 아무리 고고한 이의 자제심이라도 무너뜨리게 되어 있으며 친밀한 대화 중에는 체면을 위해 지켜오던 품위를 유지하기가 매우 힘든 법이다. 반면 진실하고 진정한 탁월함은 '가장 가까이서 보아야 가장 잘' 드러나며, 훌륭한 사람의 일상적인 걷기와 대화가 측근들에게 불러일으키는 존경심을 바깥사람들은 잘 알 수 없는 법이다.

아무튼 만남이 계속되면 오히려 싫증이 난다는 것을 알고 있었던 페리클레스는 이를 피하기 위해 일정한 주기를 두고 사람들에게 다가갔다. 모든 문제에 대해 의견을 내거나 기회가 날 때마다 연설을 하는 것이 아니라, 크리톨라오스에 따르면 마치 살라미니아 트리에레스처럼 매우 위급한 상황일 때에만 자신을 드러냈다. 나머지 정책은 친구나 다른 연설가들에게 위임하여 진행시켰다. 이들 가운데 한 명이 에피알테스였다고 한다. 그는 아레오파고스 회의의 권력을 무너뜨리고, 플라톤의 말을 빌자면 시민들의 잔에 지나치게 많은, '희석되지 않은 자유'를 따라 주었다. 이로 인해 시민들은 말馬처럼 통제가 불가능해졌고 희극 시인들이 말하듯 '더 이상 고삐를 따를 인내심이 없어져 에우보이아를 낚아채고 섬들을 짓밟았다.'

• 키몬이 귀족들의 절대적인 지지를 받고 있었기에 페리클레스는 시민(평민) 계급을 지지층으로 확보하려 했다는 뜻.

VIII.

 뿐만 아니라 자신의 삶의 방식과 숭고한 감정에 맞추어, 악기를 개조하듯 연설 방식을 바꾸기 위해 종종 아낙사고라스라는 현을 추가했다. 말하자면 자신의 수사법에 자연과학의 염료를 살짝 섞은 것이다. 신과 같은 플라톤이 이야기하듯, 그는 '타고난 재능과 더불어' 자연과학으로부터 '고결한 사상과 완벽한 전달력'을 얻었다. 그리고 그가 배운 것을 연설의 기술에 접목시켜 다른 연설가들을 능가했다. 그가 올륌피오스라는 이름을 얻은 것은 바로 이 때문이라고 한다. 다른 이들은 이것이 도시를 아름답게 꾸미려고 지은 건축물 덕분에 얻은 이름이라고도 하고, 또 어떤 이들은 정치가이자 장군으로서 그의 능력 덕분이라고도 했다. 아마도 그의 명성은 여러 높은 품성을 고루 가진 결과였을 것이다.*
 멜레시아스의 아들 투퀴디데스는 페리클레스의 영리한 설득력에 대해 장난스러운 말을 남기기도 했다. 투퀴디데스는 '선하고 진실한 이들' 가운데 한 사람이었고 매우 오랫동안 페리클레스의 정적이었다. 라케다이몬 왕 아르키다모스가 그와 페리클레스 중 누가 더 씨름을 잘하느냐고 묻자 그는 이렇게 대답했다.
 "제가 그자를 메다꽂을 때마다 그는 패배를 인정하지 않고 자신에게 유리한 주장을 펼쳐, 그가 메다꽂히는 것을 지켜본 모든 사람들조차 설득시킵니다."
 페리클레스는 이러한 재능을 가지고도 연설을 할 때는 매우 조심스러웠다. 연설을 하러 앞으로 나설 때마다 신들에게, 논의에 부합하지 않는 말은 단 한마디도 무심코 입 밖으로 나가지 못하게 해달라고 기도했다. 그가 남긴 글은 거의 없다. 그가 제안한 법률과 그의 명언 몇 가지만 남아 있을 뿐이다. 그가 아이기나를 '페이라이에우스의 눈엣가시'라고 부르며 없애도록 부추겼다든가 "이미 전쟁이 펠로폰네소스로부터 내려와 덮치는 것을 보았다"고 선언한 사실이 여기 포함된다.

한번은 그와 함께 해양 원정에 나선 소포클레스 장군이 어느 어여쁜 소년을 칭송했더니 페리클레스가 이렇게 말했다고 한다.

"장군이 깨끗하게 해야 하는 것은 두 손뿐만이 아니라 두 눈이기도 합니다, 소포클레스."

또 스테심브로토스에 따르면 사모스 전쟁에서 전사한 병사들의 장례식에서 그는 희생자들이 신들과 같이 불멸의 존재가 되었다고 주장했다.

"우리는 신들을 볼 수는 없지만 그들이 받는 경외심과 그들이 내리는 은혜로 미루어 신들을 불멸의 존재라고 결론짓습니다. 나라를 위해 목숨을 바친 이들도 마찬가지입니다."

IX.

투퀴디데스는 페리클레스의 정권이 다소 귀족적이었다고 묘사한다. 또 스테심브로토스에 따르면, "이름은 민주정이되 실은 누구보다 뛰어난 시민 한 명이 다스리는 꼴"이라고 했다. 그러나 다른 여러 사람들의 말에 따르면 민중은 그가 나라의 영토를 나눠주고 축제를 무료로 관람하게 해주었으며 공직에 봉사하는 사람에게 임금을 지불한 데 이끌렸다고 한다. 그가 시행한 공적 조치들의 영향으로 민중이 자족하며 검소하게 살기보다 나쁜 습관에 물들고 사치스럽고 방탕하게 변해갔다는 것이다. 그러니 이제 페리클레스가 이처럼 바뀌게 된 까닭을 자세히 검토해 보자.

앞에서 말했듯 키몬의 명성과 겨루어야 했던 그는 민중의 비위를 맞추려고 했다. 그런데 페리클레스보다 부와 재산이 많았던 키몬은 재력을 이용해 가난한 이들의 마음을 샀다. 매일 원하는 모든 아테나이 사람들에게 식사를 제공하고 노인에게는 옷을 주는가 하면 농장의 울타리를 없애 원하면 누구라도 열매를 따갈 수 있게 했던 것이다.

같은 방식으로는 인기를 얻을 수 없었던 페리클레스는 이미 민중의 재산인 것을 분배하는 방법을 택했다. 아리스토텔레스에 따르면 이것은 오아 출신 다모니데스의 조언에 따른 것이었다. 그리고 곧 축제를 무료로 관람하게 해주고 배심원들에게 임금을 주는 등 각종 사례금과 선물로 대중을 한꺼번에 매수해 아레이오파고스 회의에 맞서는 데 이용했다. 그는 이 회의의 일원이 아니었다. 제비뽑기를 통해 아르콘이 된 적도 없고 아르콘 테스모테테스나 아르콘 바실레우스, 아르콘 폴레마르코스가 된 적도 없었기 때문이다. 과거 이러한 관직은 제비뽑기를 통해 선출했는데 이 임무를 충실히 이행하면 아레이오파고스 회의에 들어갈 수 있었다.

바로 이런 이유에서 이미 민중의 지지를 받고 있던 페리클레스는 아레이오파고스 회의에 맞서는 당파를 더욱 성공적으로 이끌 수 있었다. 에피알테스는 이 회의로부터 대부분의 관할권을 빼앗았을 뿐 아니라, 키몬 역시 스파르테를 좋아하고 민중을 미워한다는 이유로 도편 추방시켰다. 내가 「키몬」편에서 적었듯, 재물로 보나 집안으로 보나 페리클레스에 뒤지지 않았고 이방 민족들을 상대로 누구보다 영광스러운 승리를 얻었으며 도시를 돈과 전리품으로 가득 채운 바로 그 키몬이었다. 민중들 사이에서 페리클레스의 세력이 이 정도였다.

• 아르콘, 혹은 아르콘 에포뉘모스는 왕정이 폐지된 아테나이의 최고 지도자로 그의 밑에는 종교를 관장하는 아르콘 바실레우스, 전쟁을 이끄는 아르콘 폴레마르코스, 그리고 법을 다루는 아르콘 테스모테테스 여섯이 있었다.

X.

 도편 추방 기간은 법적으로 십 년이었다. 그러나 키몬이 추방된 사이 라케다이몬 사람들이 대군을 이끌고 타나그라 지역을 점령했고 아테나이 사람들은 그 즉시 싸우러 나갔다. 추방당했던 키몬 역시 돌아와 같은 퓔레 사람들과 함께 전열에 자리 잡았고 자신이 동료 시민들의 위험을 나눠 안고 있음을 행동으로 보여줘 스파르테에 지나친 애정을 갖고 있다는 혐의를 벗고자 했다. 하지만 페리클레스의 친구들이 한통속이 되어 그를 전열에서 끌어냈다. 그가 추방 중이라는 이유에서였다. 결국 페리클레스가 그 전투에서 가장 열심히 싸웠고 위험에 스스로를 노출하는 데 가장 적극적이었다고 여겨지게 되었다.

 그런데 이 전투에서 스파르테에 지나친 애정을 갖고 있다고 비난받은 키몬의 친구들이 목숨을 잃었다. 그러자 아테나이 사람들 사이에 뼈저린 반성의 분위기와 키몬에 대한 간절한 그리움이 내려앉았다. 다른 곳도 아닌 앗티케 안에서 벌어진 전투에서 패한 데다 봄이 오면 다시 괴로운 전투를 치러야 할 것 같았기 때문이다. 이를 감지한 페리클레스는 망설이지 않고 대중이 바라는 대로 해주었다. 제 손으로 키몬을 불러들이는 법령을 쓴 것이다. 그리하여 추방된 키몬이 돌아와 두 도시 간에 평화를 이루어냈다. 라케다이몬 사람들이 페리클레스를 비롯한 다른 민중 지도자들에 대한 미움으로 가득했던 만큼 키몬에게 다정했기 때문이었다.

 그러나 어떤 이들은 페리클레스가 키몬의 복귀를 명하는 법령을 만든 것은 키몬의 누이 엘피니케를 통해 두 사람 사이에 비밀 조약이 이루어진 후라고 한다. 페리클레스가 도시에서 최고 권력을 누리는 동안 키몬은 함선 2백 척을 이끌고 나라 밖으로 나가 왕의 영토를 정복하려고 시도한다는 조건이었다. 이 일이 있기 전에도 엘피니케가 키몬에 대한 페리클레스의 마음을 한결 누그러뜨려 놓은 일이 있었다고 전해진다. 키몬이 반역죄라는 중대한 혐의를 받고 재판에 서게 되었을 당시 페리클레스는 민중이 임명한 기소 위원들 가운데 한 사람이었다.

그는 엘피니케가 자신에게 와서 탄원하자 웃으며 이렇게 말했다.

"엘피니케, 나이를 생각하세요. 이러기에는 너무 연로하십니다."

그러나 그는 정식 임무를 다하지 않을 수 없어 단 한 번 연설을 했으며, 결과적으로는 키몬을 고발한 모든 사람들 가운데 키몬에게 가장 적은 해를 입혔다.

그렇다면 페리클레스가 민중 지도자 에피알테스의 명성에 대한 시기와 질투로, 친구이자 정치적 동지였던 그를 피살했다고 비난하는 이도메네우스의 말은 어떻게 생각해야 할까? 그가 어디선가 이와 같은 혐의를 끌어모아 독을 뱉듯 던져놓은 상대 페리클레스는 전혀 나무랄 데 없는 사람은 아닐지라도 고귀한 품성과 열망을 가진 사람으로, 그러한 야만적이고 짐승 같은 감정이 자리할 수 없는 사람이었다.

한편 귀족들에게 무시무시한 존재였으며 민중에게 잘못을 범한 자들로부터 그 대가를 받아내고 그들을 기소하는 데 한 치의 너그러움도 없었던 에피알테스는 적에게 모함을 당했으며, 아리스토텔레스의 말에 따르면 타나그라 출신 아리스토디코스의 손에 쥐도 새도 모르게 죽임을 당했다. 키몬은 퀴프로스에 원정을 간 사이 세상을 떠났다.

XI.

한편 귀족들은 이미 한참 전부터 페리클레스가 최고의 시민이 되었음을 인지하고 있었다. 그럼에도 그에게 대항하고 그의 권력의 칼날을 무디게 할 사람이 있기를 바라고 있었다. 그리하여 철저한 왕정만은 막아보자는 바람으로 알로페케의 투퀴디데스를 내세워 그에게 반대하게 만들었다. 분별력 있는 투퀴디데스는 키몬의 친척이기도 했다. 키몬처럼 전쟁에 능하지는 않아도 보다 실력 있는 연설가이자 정치가였던 투퀴디데스는 성안에서는 눈을 부릅뜨고 감시하고 연단에서는 페리클레스와 겨루면서 체제에 균형을 가져왔다.

투퀴디데스는 그가 속해 있던 일명 '선하고 진실한 이들'의 정당이 뿔뿔이 흩어져 민중과 섞이는 것을 가만히 지켜보지 않았다. 당시 이 정당은 구성원의 수가 불어나 그 특성이 점점 모호해지고 있었는데, 투퀴디데스는 이들을 추리고 결집시켜 정당의 집합적 영향력에 무게를 실어주었고 마치 저울의 평형추처럼 작용하게 했다.

애초부터 세태의 이면에는 일종의 균열이 숨어 있어 평민과 귀족 간의 입장 차가 무쇠에 난 실금처럼 희미하게 존재하고 있었지만, 투퀴디데스와 페리클레스 사이의 경쟁적인 열망은 나라에 깊은 골을 냈다. 한쪽은 데모스, 즉 민중이라고 불리게 되었고 다른 한쪽은 올리고이, 즉 소수라고 불리게 되었다. 구체적으로 말하자면 이때 페리클레스는 민중에게 고삐를 쥐어주었고 그들을 기쁘게 하는 정책을 만들었다. 언제나 대중을 위한 구경거리나 잔치, 행진을 고안해 성안에 마련했고 '조야하지 않은 볼거리'로 대중을 '아이들처럼 좋아하게' 만들었다. 또 매년 시민들을 가득 태운 트리에레스 60척을 띄웠는데 시민들은 봉급을 받고 여덟 달 간 항해하며 뱃사람이 되는 법을 배우고 훈련했다.

이와 더불어 케르소네소스에 이주민 천 명을 보냈고 낙소스에 5백, 안드로스에 그 절반을 보냈으며 트라키아에는 천 명을 보내 비살타이 족과 함께 살게 했다. 쉬바리스가 무너진 자리에 다시 사람들이 살기 시작할 때에도 이 이탈리아 땅으로 이주민을 보냈으며 새 도시의 이름은 투리이가 되었다. 그가 이렇게 한 이유는 게으르고 할 일 없는 수많은 방해꾼들을 도시에서 몰아내고, 가난한 이들이 수치심을 느끼지 않도록 하기 위해서였으며, 동맹국 주변에 위협적인 주둔군을 배치해 반역을 사전에 차단하고자 하는 목적이었다.

XII.

그러나 아테나이를 가장 보기 좋게 장식하고 인류에게 크나큰 놀라움을 선사한 것은 따로 있었다. 고대 헬라스의 떠들썩한 권세와 영광이 꾸며낸 이야기가 아님을 입증하는 유일한 증거, 즉 페리클레스가 지은 여러 신성한 건물들이 그것이다. 이는 페리클레스의 공공 정책을 모두 합친 것보다 더 많은 비난과 공격의 대상이 되었다. 적들은 의회에서 이렇게 외치곤 했다.

"우리 아테나이 시민들은 페리클레스 덕분에 드높던 명성을 잃고 체면이 바닥에 떨어졌습니다. 우리는 델로스에 있던 헬라스 동맹의 공금을 가져왔으나 이를 비난하는 자들을 설득할 가장 적절한 변명거리를 잃었습니다. 공금을 그 신성한 섬에 그대로 둘 수 없었던 것은 페르시아의 위협 때문이었으며 이 돈이 요새에 안전하게 보관되어 있다는 우리 주장을 페리클레스가 빼앗아 간 것입니다. 헬라스가 억지로 내놓은 전쟁 분담금으로 우리가 도시에 황금을 입히고 화려하게 치장하는 것을 본다면, 어느 모로 보나 방탕한 여인처럼 보석과 값비싼 조각상, 천금이 들어간 신전을 모으고 있는 것을 본다면 헬라스가 극심한 모욕감에 치를 떨고 그들이 폭군의 다스림을 받고 있다는 사실을 극명히 깨닫게 될 것은 당연합니다."

반면 페리클레스는 아테나이가 동맹국에 그 어떤 빚도 지고 있지 않다고 시민들을 가르쳤다. 아테나이가 동맹국 대신 전쟁을 치르고 적들을 물리쳤기 때문이라고 했다.

"그들은 말 한 필도 내어놓지 않았습니다. 배 한 척, 중장비 보병 한 사람도 제공하지 않았고 단지 돈을 부담했을 뿐입니다. 이 돈은 제공한 사람이 아니라 받은 사람들의 것입니다. 돈을 받은 사람이 그 대가를 치렀다면 말입니다. 또한 전쟁을 치르는 데 필요한 모든 장비를 충분히 마련하고 난 뒤 넘치는 돈을, 완성된 뒤에 영원한 영광을 가져다줄 사업에 붓는 것은 아주 적절한 일입니다. 더구나 사업을 완성하는 과정에서 그 넘치는 돈이 실용적으로 쓰여 온갖 활동과 다양한 수요를 촉진하고 그 결과 온갖 기술을 고무하고 모든 이들의 손을 움직여 도시 전체를 먹여 살린다면, 도시는 아름다워지는 것에서 그치지 않고 자급자족에 이르지 않겠습니까?"

페리클레스의 군사 원정을 통해 원기가 충천한 남자들이 공금으로부터 풍부한 대가를 지급받았다는 것 또한 사실이다. 페리클레스는 또 싸움에 소질이 없는 평범한 노동자에게도 나랏돈을 나누어주되 게으르고 빈둥대는 이들에게는 돈을 주지 않았다. 그래서 그는 과감히 대규모 건축 사업과 건설 계획을 민중에 제안했다. 이것은 오랜 기간 동안 여러 기술을 동원해야 하는 사업이었는데 고국에 머무르고 있는 이들에게도 해병과 보초병, 보병들과 마찬가지로 공동의 부를 나눠 가질 구실을 주고 싶었기 때문이다.

사업에 이용될 재료는 석재와 청동, 상아, 황금, 흑단 그리고 편백나무였다. 이 재료를 다듬고 꾸미려면 목수, 거푸집을 만드는 사람, 청동을 다루는 사람, 석수, 염색공, 황금과 상아를 다루는 사람, 화가, 자수를 놓는 사람, 돋을새김을 하는 사람들이 필요했다. 재료를 공급하고 운반하는 사람들이 필요했음은 말할 것도 없다. 무역상을 비롯하여 바다에서는 뱃사람과 키잡이, 땅에서는 수레를 만드는 사람, 수레를 끄는 짐승을 조련하는 사람, 수레를 모는 사람들이 필요했고 그 밖에도 밧줄을 만드는 사람, 직조공, 가죽공, 도로를 만드는 사람과 광부들도 필요했다. 게다가 각각의 기술자는 마치 저만의 부하들을 지휘하는 장군처럼 특별한 기술이 없는 비숙련공들을 거느리고 촘촘한 대열을 이루고 있었다. 악기가 연주자에게, 몸이 영혼에게 봉사하듯 비숙련자들이 기술자에게 봉사하고 있었으므로, 다양한 능력을 지닌 거의 모든 연령의 시민들에게 도시의 부가 나뉘어졌다.

XIII.

이리하여 건축물이 세워지기 시작했다. 거대한 규모도 규모였지만 흉내 낼 수조차 없을 정도의 세련된 외관을 자랑하고 있었는데 작업공들이 스스로를 뛰어넘는 기술을 발휘하려고 애썼기 때문이다. 그러나 가장 놀라운 것은 건물이 올라가는 속도였다. 사람들은 하나의 건물을 완성하는 데에도 여러 세대에 걸친 노력이 필요하리라고 생각했으나 모든 건물이 한 사람의 집권 기간 중, 그것도 절정기에 모두 완성되었다.

하지만 이런 이야기도 있다. 화가 아가타르코스가 자신이 그림을 얼마나 빠르고 쉽게 그릴 수 있는지 소리 높여 자랑하자 제욱시스가 이를 듣고 말했다.

"내 것은 오래 걸리지만 오래간다네."

실로 능숙한 작업 솜씨와 빠른 작업 속도가 작품에 지속적인 영향력이나 미적 엄밀함을 심는 것은 아니다. 오히려 공들여 창작하는 데 빌려주는 시간만큼 작품 보존의 측면에서 크고 많은 이자로 되돌아온다. 바로 이런 이유에서 페리클레스의 업적이 더욱 놀라운 것이다. 각각에 들어간 시간은 짧아도 길이길이 남도록 만들어졌기 때문이다. 완성물 각각은 그 당시에도, 그러니까 지어지는 순간부터 고풍스러워 보였다. 그러나 그 생생한 활력 덕분에 건물은 지금까지도 최근에 지어진 것처럼 새롭다. 이처럼 언제나 새로움이 꽃피는 페리클레스의 건축물은 마치 늙지 않는 정령이 그칠 줄 모르는 숨결을 불어넣은 듯 시간의 손길을 벗어난 것처럼 보인다. 페리클레스 밑에서 일하던 총 관리인이자 감독관은 페이디아스였다. 물론 일부 건축물의 경우 페이디아스 외에도 훌륭한 건축가와 장인들의 손길이 들어갔다. 예를 들어 신상을 안치해 놓는 방의 길이만 해도 1백 푸스*였던 파르테논의 건축가는 칼리크라테스와 익티노스였다. 엘레우시스의 비교*秘敎* 사원을 짓기 시작한 것은 코로이보스였다.*

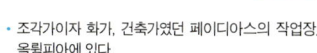

• 조각가이자 화가, 건축가였던 페이디아스의 작업장. 올림피아에 있다.
•• 파르테논 신전.
••• 『동료들에게 파르테논의 프리즈 장식을 보여주는 페이디아스』, 앨머 태디마.

페리클레스가 법안까지 제안하여 완성시키려고 했던 긴 장벽**은 칼리크라테스가 건설을 맡았다. 소크라테스도 페리클레스가 이와 관련해 법을 제안하는 것을 직접 들은 바 있다고 말했다.*

내부에 층층이 좌석이 있고 수많은 기둥으로 수놓인 오데이온은 사방에 경사가 있는, 꼭짓점이 하나인 지붕으로 덮여 있었다. 페르시아 대왕의 천막을 그대로 복제했다고 알려진 이 건물도 페리클레스의 감독 아래 지어졌다고 한다.*

아크로폴리스의 프로퓔라이아는 5년 만에 완성되었고 건축가는 므네시클레스였다. 그런데 이 프로퓔라이아를 짓는 동안 놀라운 일이 벌어졌으니 이 일은 여신이 멀찌감치 떨어져 지켜보기보다 건설의 시작과 완성 모두에 도움을 주고 있다는 것을 가리켰다. 무슨 일이었는가 하면, 가장 부지런하고 의욕적이던 인부 하나가 발을 헛디뎌 높은 곳에서 떨어진 것이다. 인부는 위독한 상태에 빠졌고 의사들로부터 희망이 없다는 진단을 받았다. 이 일로 크게 낙담하고 있던 페리클레스의 꿈속에 여신이 나타나 치료 방법을 처방했고 페리클레스는 짧은 시간 내에 손쉽게 인부를 고칠 수 있었다. 바로 이 일을 기념하여 페리클레스는 아크로폴리스에 있는 여신의 제단 곁에 아테나 휘기에이아의 동상을 세운 것이다. 제단은 전부터 거기 있었다고 한다.

• 아크로폴리스의 관문 프로퓔라이아.

여신의 거대한 금빛 상을 만든 장본인은 페이디아스였고 제작자의 이름을 새겨두는 판에도 그의 이름이 있다. 실로 거의 모든 일이 페이디

• 1푸스는 약 발 하나 길이.
•• 아테나이에서 페이라이에우스 항구로 이어지는 장벽을 말한다.

아스의 손안에 있었던 것으로 보이고 앞에서도 언급했듯 모든 장인들은 페이디아스의 감독 아래 있었다. 이로써 한 사람은 시기를 당했고 다른 한 사람은 오만해졌다. 페이디아스는 심지어 자유 시민의 딸들을 불러 페리클레스와 밀회의 자리를 만들었다. 명목은 예술품 감상이었다. 희극 작가들은 이 이야기를 놓치지 않고 페리클레스의 무절제한 방종을 비난했다. 이 비난에, 페리클레스의 친구이자 함께 장군직을 수행했던 메닙포스의 아내까지 엮이어 들어갔고 퓌릴람페스의 조류 농장도 입에 올랐다. 페리클레스의 동료였던 퓌릴람페스는 페리클레스와 사귀는 여인들에게 뇌물로 공작을 건넨 혐의를 받았다.

제멋대로 사는 사람들이 때를 놓치지 않고, 윗사람들에 대한 무례한 비난을 대중의 시기심이라는 악한 신에게 제물로 바치는 것은 놀랄 일이 아니다. 타소스의 스테심브로토스조차 페리클레스가 며느리와 끔찍하고도 터무니없는 불경을 저질렀다고 공공연히 비난하지 않았는가? 그러나 사건이 벌어진 뒤 뒤늦게 그것을 이해하려는 사람들에게는 흘러간 시간이 장애물로 작용하기 때문에 진실은 지난한 울타리에 둘러싸여 있고 조사를 통해 알아내기 어렵기 마련이다. 한편 동시대 사람의 업적과 삶에 관한 연구는 때로는 질투어린 증오, 때로는 아첨에 가까운 칭찬을 통하여 진실을 더럽히고 왜곡한다.

XIV.

투퀴디데스와 그의 정당은 페리클레스가 신뢰할 수 없는 방법으로 공금을 사용하고 있으며 수익을 날리고 있다고 비난했다. 페리클레스는 민회에서 자신이 너무 많은 돈을 쓰고 있느냐고 물었고, 민중이 다소 많이 쓰고 있다고 대답하자 이렇게 말했다.

"그렇다면 여러분의 돈이 아니라 내 돈으로 계산하겠습니다. 그리고 헌정문에 내 이름을 새겨 넣겠습니다."

페리클레스가 이렇게 말하자 민중은 그의 넓은 도량에 탄복했는지, 아니면 영광스러운 업적을 자신만의 공으로 돌리려는 그의 야망을 시기했기 때문인지는 몰라도 큰 소리로 반대하며 지출이 필요하면 언제든 공금을 갖다 써도 좋으며 조금도 아끼지 말라고 간청했다.

이후 페리클레스는 투퀴디데스와 도편 추방 여부를 놓고 겨루게 되었는데, 결국 맞수 투퀴디데스가 추방되는 결과를 얻었고 그가 페리클레스에게 맞서기 위해 구성했던 파벌도 해체되었다.

XV.

이에 따라 정치적 의견 차이가 깡그리 해소되고 도시가 완전히 통합되어, 말하자면 매끄러운 표면처럼 다듬어진 것을 보고 페리클레스는 아테나이를 장악했다. 아테나이 사람들의 손에 달려 있던 문제들도 그의 손안에 들어갔다. 즉 전쟁 분담금과 군대, 트리에레스 함대, 여러 섬과 바다를 그가 좌지우지하게 되었고 온 헬라스 땅을 원천으로 하며 페르시아 덕분에 더욱 강화된 엄청난 권력, 그리고 여러 종속국들의 충성심, 왕들과의 친분, 왕가들과의 동맹을 울타리 삼은 패권이 모두 페리클레스의 것이 되었다.

그러나 그는 더 이상 예전 같지 않았으며 전처럼 민중에게 순종적이고 고분고분하지도, 바람을 따라가는 키잡이처럼 군중의 욕망에 이끌리지도 않았다. 오히려 느슨하고 때로는 유약했던, 마치 향기롭고 은은한 선율 같던 과거의 통치 방식을 버리고, 귀족적이고 왕다운 정치력이라는 맑은 고음을 때린 것이다. 그리고 이것을 모두의 이득을 위해 직접적이고 빗나가지 않는 방식으로 행사했다. 대부분의 경우 설득과 가르침으로 큰 반대 없이 민중을 이끌었던 것이다.

그럼에도 가끔은 민중이 그를 심히 짜증스럽게 여길 때가 있었는데 그럴 때면 그는 고삐를 조이는 주인처럼 그들을 유익한 방향으로 이끌었다. 이는 현명한 의사의 방식과도 매우 닮아 있었다. 현명한 의사는 오래 지속되는 복잡한 질병을 다스리기 위해 때로는 무해한 만족감을 주어 환자를 기쁘게 하고, 때로는 병을 낫게 하는 쓰라린 약품이나 쓰디쓴 약물을 주는 법이다.

실로 별 어중이떠중이들이 죄다 모여 있는 그토록 거대한 제국에서 온갖 질병이 난무한 것은 당연했다. 페리클레스는 이 모든 질병을 일일이 적절하게 다스리는 법을 본능적으로 알고 있었던 유일한 사람이었다. 그리고 무엇보다도 민중의 희망과 두려움을 마치 방향타처럼 이용해 그들의 오만을 때맞추어 방지하고 좌절감을 가라앉히며 위로했다. 이런 식으로 그는 수사학, 즉 연설의 기술이 플라톤의 말처럼 '영혼의 미혹'이며 수사학의 주된 임무는 감정과 열정에 대한 깊은 탐구라는 것을 입증하였다. 사람의 감정과 열정을 건드리는 일은 말하자면 영혼이라는 악기의 현을 튕기거나 구멍을 손가락으로 막는 일로, 매우 신중하게 해야 하는 것이다.

하지만 페리클레스의 성공이 단지 연설 능력에만 달려 있었던 것은 아니다. 투퀴디데스가 말하듯 페리클레스가 성공할 수 있었던 것은 그의 생애에 대한 평판 덕분에, 그리고 그가 뇌물에 일말의 관심도 없고 그것을 초월한 것이 분명한 사람이라는 신뢰를 얻은 덕분에 가능했다. 페리클레스는 자신이 맡았을 때 이미 위대했던 도시를 그 어느 도시보다 위대하고 부유하게 만들었으며 왕과 참주들보다 더 강력한 세력을 얻었다. 실제로 일부 왕과 참주들은 페리클레스를 왕자들의 보호자로 삼았으나 페리클레스는 아버지로부터 물려받은 재산을 단 한 푼도 불리지 않았다.

XVI.

그가 누린 권력에 관해서는 조금도 의심할 바가 없다. 투퀴디데스가 명확하게 설명했기 때문이기도 하지만 희극 시인들이 심술궂은 조롱을 통해 은연중에 드러내고 있기 때문이기도 하다. 그들은 페리클레스와 동료들을 '새로운 페이시스트라토스의 아들들'이라고 부르며 폭군이 되지 않겠다는 엄숙한 맹세를 하라고 부추겼다. 그의 유명세가 실로 민주주의와 양립할 수 없으며 지나치게 억압적이라는 주장이었다.*

그런데 이것은 짧은 황금기로부터 얻은 열매가 아니었으며 물오른 체제의 한철 인기도 아니었다. 페리클레스는 에피알테스와 레오크라테스, 뮈로니데스, 키몬, 톨미데스, 투퀴디데스와 같은 자들 사이에서 40년 간 으뜸의 자리에 서 있었으며, 투퀴디데스를 끌어내리고 추방한 뒤에도 1년마다 사령관직에 재임명 되는 방식으로 적어도 15년 동안 지속적이고 단절되지 않은 최고 권력을 확보하고 행사했다. 그리고 그 기간 동안 뇌물로 인한 그 어떤 오점도 남기지 않았다.

그렇다고 돈을 버는 데 아주 무심했던 것은 아니다. 페리클레스는 아버지가 그에게 남긴 법적 유산이 그의 순수한 무관심으로 인해 날개를 달고 날아가는 것을 원치 않았다. 그럼에도 그는, 보다 고귀한 일들로 바빴기 때문에 돈을 관리하느라 신경을 쓰거나 시간을 빼앗기고 싶지 않았다. 따라서 이를 위해 가장 손쉽고 정확한 재산 관리 방법을 생각해냈다. 한 해 동안의 모든 생산물을 한꺼번에 판 다음 필요한 물건은 그때마다 시장에서 구입함으로써 생계를 유지할 수단과 방법을 마련하는 것이었다.

이 때문에, 장성한 페리클레스의 아들들은 아버지에게 불만이 많았고 아내들 또한 그를 너그러운 가장이라고 생각하지 않았다. 대신 그날 필요한 물건에 대해서만 지출을 허용하고 그것에조차 매우 까다로운 기준을 제시하는 남편에 대해 투덜대곤 했다. 다른 크고 부유한 가문과 달리 남아도는 물건이 전혀 없었으며 모든 지출과 수입이 계산과 저울질 끝에 결정되었기 때문이다. 이 모든 계산을 정확하게 해낸 페리클레스의 대리인은 에반겔로스라는 하인이었는데 그는 소질이 있었기 때문인지, 페리클레스의 훈련을 받았기 때문인지는 몰라도 알뜰한 집안 살림에는 누구보다 월등한 능력을 보였다.

이러한 행동이 아낙사고라스의 가르침과 상충하는 것이었음은 사실이다. 철학자 아낙사고라스는 집을 버리고 밭을 놀려 거기서 양들이 풀을 뜯게 했는데 이는 그에게 깃든 고귀한 사상 때문이었다. 그러나 사변적인 철학자의 생애는 정치가의 생애와 다르다는 것이 내 생각이다. 철학자는 그 어떤 도구의 도움도 받지 않고 외부적인 문제로부터 소외된 채 지성만으로 고귀한 목적을 달성하는 반면, 정치가는 자신의 탁월한 능력을 인류의 공통적인 요구와 접목시켜야 하므로 부를 단지 생활에 필요한 것으로 여기기보다 삶의 고귀한 것들 가운데 하나라고 생각해야 한다. 페리클레스는 실제로 자신의 재물로 여러 가난한 이들에게 도움을 주었다.

게다가 아낙사고라스 자신도 그 차이를 인정하고 있었던 듯하다. 페리클레스가 자신의 일로 바빠 신경을 쓰지 못하고 있을 당시, 관심 밖에 놓인 아낙사고라스는 늙어 쇠약하고 굶주리기까지 한 몸으로 침상에 누워 죽음을 기다리고 있었다. 저세상으로 떠나기 위해 머리까지 감싼 뒤였다. 이 소식을 들은 페리클리스는 놀라움을 감추지 못하고 그 즉시 가

없은 스승에게 달려가서는 죽지 말아 달라고 애원하며, 위대한 스승의 운명보다 나랏일에 대해 조언해 줄 사람을 잃게 될 자신의 운명을 더욱 한탄했다. 그러자 아낙사고라스는 싸매고 있던 머리를 풀고 이렇게 말했다고 한다.

"페리클레스, 등불이 필요하다면 안에 기름부터 부어야 하지 않겠나."

XVII.

라케다이몬 사람들이 아테나이 사람들의 커져가는 권력을 불쾌하게 여기고 있을 당시, 페리클레스는 시민들을 격려하여 보다 드높은 열망을 품게 만들고 보다 큰 업적을 이룰 수 있다는 자신감을 갖게 할 목적으로 법안을 하나 제안했다. 에우로페에 살든 아시아에 살든, 큰 도시에 살든 작은 도시에 살든 모든 헬라스 사람들이 아테나이에서 열리는 회의에 대표자를 보내도록 하는 법안이었다. 회의 안건은 페르시아인들이 불태운 성소의 복구와, 전쟁 당시 헬라스의 이름을 걸고 신들께 했던 맹세를 이행하기 위한 제사 준비였다. 바다에 관한 논의도 예정되어 있었는데 두려움 없이 바다를 항해하고 평화를 지킬 수 있도록 하기 위한 대책을 상의할 계획이었다.*

그러나 결과적으로는 아무런 성과가 없었고 여러 도시의 대표자들이 한자리에 모이는 일도 벌어지지 않았다. 전해지는 바에 따르면 라케다이몬의 반대로, 대표자를 초청하기 위해 떠난 사절단이 펠로폰네소스에서 가로막혔기 때문이었다. 그러나 내가 이 사건을 언급하는 것은 페리클레스의 기질과, 사상의 원대함을 보여주기 위함이다.

XVIII.

 장군직을 수행할 때 페리클레스는 무엇보다도, 각별한 신중함으로 이름 높았다. 그는 결과가 불확실하고 위험한 전투에는 일부러 나서지 않았으며 큰 위험을 무릅쓴 뒤 뛰어난 행운 덕분에 위대한 장군으로 존경받는 사람들을 시기하거나 모방하지 않았다. 그는 언제나 동료 시민들에게 말하기를 자신의 휘하에 있는 한 영원히 살아남아 불멸의 존재가 될 것이라고 했다.

 따라서 톨마이오스의 아들 톨미데스가 과거의 행운, 그리고 전장에서 얻은 과도한 명예에 고무되어 시기가 적절하지 못함에도 보이오티아를 침략하려고 준비하고 있을 때, 그리고 병역을 짊어질 나이가 된 누구보다 용감하고 야심찬 젊은이들을 무려 천 명이나 추가로 설득하였을 때, 페리클레스는 민회에서 그를 제지하고 단념시키려고 하였다. 잘 알려진 그의 명언도 바로 이때 남긴 것이다.

 "나 페리클레스의 말을 듣기 싫다면 누구보다 현명한 조언자인 시간의 말을 기다리는 것은 어떻습니까."

 이 말은 당시에는 큰 파장이 없었다. 하지만 며칠 뒤 톨미데스가 코로네이아 근방에서 벌어진 전투에서 패하여 죽고 그와 함께 여러 용감한 시민들도 전사했다는 소식이 전해지자, 페리클레스에게 호의적인 평판과 온정이 쏟아졌다. 그가 분별력과 애국심을 가진 사람이라는 것이 드러났기 때문이다.

XIX.

 페리클레스의 모든 원정 가운데 사람들이 가장 많은 애정을 갖고 기억하는 것은 바로 케르소네소스 원정이다. 이 원정이 케르소네소스에 사는 헬라스 사람들의 구원으로 이어졌기 때문이다. 페리클레스는 그곳으로 아테나이 이주민 천 명을 데려가 원기 왕성한 젊은이들로 도시들을 새로이 채웠을 뿐만 아니라, 지협의 목을 가로질러 이 바다에서 저 바다까지 방어벽을 세움으로써 케르소네소스 주변에 우글거리던 트라키아 사람들의 침략을 막았다. 케르소네소스는 이웃의 이방 민족들과 워낙 가까이 접해 있어서 국경 지대에서, 심지어 국경 안에서까지 도적질을 일삼던 도적 떼들의 범람으로 언제나 괴로운 전쟁에 휘말리곤 했는데 방어벽은 이 또한 차단해 주었다.

그러나 페리클레스가 바깥 나라 사람들에게조차 존경과 칭찬을 듣게 된 것은 메가리스메가라를 포함한 근방의 페가이 항구에서, 트리에레스 백 척을 띄운 뒤 펠로폰네소스 반도를 에둘러 항해한 일 덕분이다. 페리클레스는 앞서 톨미데스가 했던 것처럼 해안의 많은 부분을 약탈했을 뿐 아니라 배에 태웠던 중장비 보병들을 데리고 내륙 깊숙이 진군하였다. 그가 다가오는 것을 본 적들은 죄다 두려움에 차서 성벽 안으로 몸을 숨겼다. 그런데 시퀴온 사람들만은 예외였다. 그들은 네메아에서 페리클레스에 대항했고 전투를 벌였다. 페리클레스는 주 병력을 동원하여 이들을 패주시키고 그 자리에 승전비를 세웠다. 그리고 난 뒤 우호적이었던 아카이아로부터 병사를 지원받아 트리에레스에 태운 다음 바다 건너 본토로 진군을 계속했다. 거기서 그는 아켈로오스 강을 거슬러 올라 아카르나니아를 침략하고 오이니아다이 사람들을 성안에 가두었으며 영토를 약탈하고 짓밟은 다음 고향으로 향했다. 적들에게는 무서운 모습을 보이고 동료 시민들에게는 신뢰할 수 있는 효과적인 지도자로서의 모습을 보인 것이다. 원정에 참여한 사람들에게 그 어떤 불행도, 심지어 우연적인 불행조차 일어나지 않았기 때문이다.

XX.

    그는 또 화려한 장비를 갖춘 대병력을 이끌고 에욱세이노스 해로 항해하기도 했다. 거기서 그는 헬라스 도시들의 원하는 바를 들어주었고 인간적으로 대우한 반면 이웃하고 있던 이방 민족의 국가들과 그들의 왕, 통치자들에게는 병력의 규모를 자랑하고, 원하는 곳이면 어디든 항해하여 바다를 호령하는, 두려움 모르는 용기를 드러냈다.

    그는 또한 추방당한 시노페 사람들에게 라마코스 휘하의 군함 열세 척과 병사들을 남겨두었다. 티메실레오스에 대항하기 위해서였다. 폭군 티메실레오스와 그 지지자들이 도시에서 쫓겨나자 페리클레스는 법안을 통과시켰다. 아테나이 사람들로부터 지원자 6백 명을 받아 시노페로 보낸 다음 거기서 시노페 사람들과 함께 정착하도록 하는 법안이었다. 그들은 폭군과 그의 지지자들이 차지하고 있던 집과 땅을 나눠 가졌다.

    그러나 그 밖의 문제에 관하여 그는 시민들의 헛된 충동에 끌려가지 않았다. 시민들이 우월한 힘과 이어진 행운에 우쭐하여 아이귑토스_{이집}

• 아테나이의 정치가이자 연설가 알키비아데스.

트에 손을 대고, 해안을 따라 뻗어 있는 왕의 영토를 유린하기를 갈망할 때도 페리클레스는 그 물살에 휩쓸리지 않았다. 또 많은 시민들이 예전부터 시켈리아시칠리아에 대한 터무니없고 불길한 열정을 가지고 있었는데 알키비아데스와 같은 연설가들이 이것을 부채질하여 불타오르게 했다. 심지어 에트루리아와 카르타고를 넘보는 자들까지 생겨났는데 당시 아테나이의 군사적 우위와 어떤 일을 벌이든 밀려오던 성공의 물결로 보아 가망 없는 일은 아니었다.

XXI.

그러나 페리클레스는 언제나 시민들의 이러한 무절제를 제지하려고 애썼다. 두루두루 간섭하려는 시민들을 만류하고 병력의 대부분을 이미 획득한 것을 보호하고 지키는 데로 돌렸다. 페리클레스는 라케다이몬 사람들을 제지할 수 있게 된 것을 큰 업적이라고 여겼고 모든 문제에서 이들과 반대 입장에 섰다. 이것은 다른 무엇보다 2차 신성전쟁*에서의 그의 행동에서 잘 드러났다. 라케다이몬 사람들은 델포이의 성소가 포키스 사람들의 손안에 있을 때 섬으로 원정대를 보내 성소를 도로 델포이 사람들의 손에 돌려주었다. 그러나 라케다이몬 사람들이 떠나자마자 페리클레스가 이를 되돌리기 위한 원정대를 보내 포키스 사람들을 성소의 주인으로 복귀시켰다.*

• 헬라스에는 암픽튀온 동맹이라고 하는, 공동으로 신전을 관리하고 축제를 열기 위해 연합하여 만든 기구가 있었는데 이 동맹국들 간의 전쟁을 신성전쟁이라고 일컫는다. 총 세 차례 벌어졌다.

XXII.

 아테나이의 세력을 헬라스 땅 안으로 한정하려고 했던 페리클레스의 결정이 옳았음은 이후에 벌어진 일을 통해 충분히 입증되었다. 먼저 에우보이아 사람들이 반기를 들자 그가 병력을 이끌고 섬에 상륙했다. 그 직후 메가라 사람들이 적의 편에 섰으며 적의 군대가 라케다이몬의 왕 플레이스토아낙스의 지휘 아래 앗티케 땅에 들어와 있다는 소식이 들려왔다. 이에 페리클레스는 에우보이아에 있던 병력을 빠른 속도로 되돌려 앗티케 땅에서의 전쟁에 대비했다.

 그는 숫자가 많고 용감하고 전의에 불타는 중장비 보병들과 섣불리 싸우려 들지 않았다. 대신 플레이스토아낙스가 매우 어리다는 것과 그가 여러 조언자들 가운데 클레안드리다스의 조언을 가장 중시한다는 것을 알아냈다. 클레안드리다스는 왕의 어린 나이를 걱정한 에포로스들이 그의 보호자이자 조력자로서 딸려 보낸 사람이었는데, 페리클레스는 비밀리에 이자의 충성심을 시험하였다. 지체하지 않고 뇌물을 주어 매수한 다음, 펠로폰네소스 사람들을 이끌고 앗티케를 빠져나가도록 설득한 것이다.

 군대가 철수하고 여러 도시로 흩어지자 분노한 라케다이몬 사람들은 왕에게 무거운 벌금을 내렸다. 그것은 왕이 지불할 능력이 없는 금액이었다. 왕은 라케다이몬에서 도망쳤으며 귀양을 자청한 클레안드리다스는 사형에 처해졌다. 그가 바로 시켈리아에서 아테나이 사람들을 무찌른 귈립포스의 아버지였다. 탐욕스러움은 마치 선천적인 질병처럼 아들에게도 대물림되었는데, 이 때문에 아들도 고귀한 업적을 세운 후 비열한 짓을 하다 발각되어 불명예스럽게 스파르테에서 추방되었다. 이 이야기는 「뤼산드로스」 편에 자세히 풀어놓았다.

XXIII.

페리클레스는 이 원정에 들어간 비용을 결산할 때 '잡비'로 10탈란톤을 지출했다고 기록했다. 시민들은 주제넘게 간섭하지 않고, 의문점을 파헤칠 생각도 하지 않고 이를 승인했다. 그러나 철학자 테오프라스토스를 포함한 일부 저자들은 페리클레스가 스파르테로 매해 10탈란톤을 보냈으며, 이것으로 스파르테의 모든 관리들을 회유하여 전쟁을 미루었다고 한다. 돈으로 평화를 샀다기보다 시간을 번 것인데 여유 있게 준비를 함으로써 전쟁을 더욱 잘 치르기 위함이었다.

아무튼 다시 반란군에게 주목한 페리클레스는 군함 50척과 중장비 보병 5천 명을 이끌고 에우보이아로 건너가 도시들을 정복했다. 페리클레스는 이어서 부와 명성이 뛰어났던 힙포보타이, 즉 기사 계급의 칭호를 받은 칼키데케 사람들을 고향 도시에서 쫓아냈고, 헤스티아이아 사람들도 모두 영토에서 쫓아냈다. 그리고 그 자리에 아테나이 사람들을 정착시켰다. 오직 이들만 이처럼 냉혹하게 대우한 것은 그들이 앗티케 함선을 포로로 붙잡고 선원들을 죽였기 때문이다.

XXIV.

이 일이 있고 아테나이와 라케다이몬이 30년 동안 휴전을 하기로 협약한 뒤, 페리클레스는 사모스 섬 원정을 위한 법안을 통과시켰다. 그는 사모스 사람들을 비난하며 말하기를 그들이 밀레토스 사람들과의 전쟁을 멈추라는 명령을 받았음에도 이에 응하지 않고 있다고 주장했다.

그런데 그가 이처럼 사모스를 비난하고 나선 데에는 아스파시아를 기쁘게 하기 위해서였다는 주장이 있다. 그러니 이쯤에서 이 여인에게 얼마나 훌륭한 지략 혹은 권력이 있었기에 나라의 요직에 있는 남자들을 기쁘게 하였고, 철학자들로 하여금 장황하고 과장된 찬사를 보내게 하였는지 의문을 가져보는 것이 적절할 듯하다. 아스파시아가 밀레토스에서 태어났으며 악시오코스의 딸이라는 것은 대체로 인정된 사실이다.

• 바티칸의 피오 클레멘티노 미술관에 있는 아스파시아의 두상.
•• 아스파시아. 마리에 보리아르의 그림.

전하는 바에 따르면 아스파시아는 고대 이오니아 여인 타르겔리아를 모방해 영향력이 뛰어난 사람들에게 겁 없이 다가간 것이라고 한다. 타르겔리아는 여인은 대단한 미인이었으며 행실이 우아한 데다 영리하기까지 했다. 수많은 헬라스 남자들과 친밀하게 지냈던 타르겔리아는 애인들을 페르시아의 왕과 연결시켰는데, 권세와 영향력이 누구보다 뛰어난 자신의 애인들을 통해 비밀리에 헬라스의 도시들에 페르시아를 향한 호의를 심었던 것이다.

아스파시아 역시 보기 드문 정치 감각을 통해 페리클레스의 각별한 애정을 얻었다고 전해진다. 소크라테스도 제자들을 데리고 아스파시아를 보러 왔다고 하고 그의 친구들은 아내들을 데려와 아스파시아의 말을 들려주기까지 했다고 한다. 아스파시아가 명예롭기는커녕 입에 올리기조차 부끄러운 사업을 하고 있다는 것, 즉 고급 고객을 위한 젊은 매춘부를 데리고 있다는 것은 문제 삼지 않은 듯했다. 아이스키네스에 따르면 양을 사고파는 뤼시클레스의 경우 태생과 천성이 모두 천했으나 페리클레스가 죽고 아스파시아와 함께 살게 되면서 일류 시민이 되었다고 한다. 그리고 플라톤의 『메넥세노스』를 보면 첫 부분이 장난스럽게 기록되어 있기는 해도 이것만은 확실하다. 아스파시아가 여러 아테나이 사람들과 교류한 것은 수사학을 가르치기 위해서였다는 것이다.

그러나 페리클레스가 아스파시아를 향해 가졌던 관심은 사랑의 감정에 가까웠던 것 같다. 페리클레스의 아내는 가까운 친척이었던 데다가 먼저 힙포니코스와 결혼하여 칼리아스라는 아들까지 두고 있었다. 이후 부자 칼리아스라고 불리게 되는 바로 그 칼리아스다. 페리클레스와 결혼한 뒤에는 크산팁포스와 파랄로스를 낳았다. 나중에 두 사람의 결혼 생활이 순탄치 못하자 페리클레스는 아내의 동의를 얻어 법적으로 아내를 다른 남자에게 주고 자신은 아스파시아를 얻어 열렬히 사랑했다. 전해지는 말에 따르면 하루 두 번, 시장에 나가는 길과 돌아오는 길에 애정이 듬뿍 담긴 입맞춤으로 인사했다고 한다.*

• 『아스파시아』, 스탈의 그림.

•• 『페이디아스의 작업장에 들른 페리클레스와 아스파시아』, 르 루의 그림.

XXV.

 그러나 사모스 사람들과의 전쟁 이야기로 돌아오자면, 사람들은 페리클레스가 아스파시아의 부탁을 받고, 그리고 밀레토스에 대한 특별대우로 법안을 통과시켰다고 비난한다. 당시 사모스와 밀레토스는 프리에네의 소유권을 두고 전쟁을 벌이고 있었다. 사모스가 승세를 이어갈 무렵 아테나이 사람들은 전쟁을 멈추고 아테나이의 중재를 받으라고 명령했는데 사모스는 이에 복종하지 않았다. 그러자 페리클레스가 배를 띄우고 사모스의 과두정을 해체시켰다. 그런 다음 요직에 있던 관리 50명과 자녀 50명을 볼모로 붙잡아 렘노스로 보냈다.

 그러나 전하는 바에 따르면 인질들 전부가 각각 재산 1탈란톤을 내놓겠다고 제안했으며 사모스에 민주정이 서는 것을 반대하던 사람들 역시 여러 탈란톤을 약속했다고 한다. 그 밖에도 사모스에 상당한 호의를 갖고 있던 페르시아의 총독 핏수트네스도 페리클레스에게 금화 1만 개를 보내 사모스 편을 들었다고 한다. 그럼에도 페리클레스는 이러한 뇌물을 단 한 푼도 받지 않았으며 사모스 사람들을 애초에 마음먹은 대로 다루고 민주정을 세운 다음 아테나이로 돌아갔다.

 사모스 사람들은 그 즉시 반역을 일으켰다. 핏수트네스가 그들을 위해 렘노스에 있던 볼모를 빼돌리고 그 밖의 전쟁 준비를 도와준 뒤였다. 페리클레스는 또다시 이들과 싸우기 위해 배를 띄웠다. 사모스 사람들은 나태함도, 극심한 두려움도 모르는 사람들이었다. 오히려 해상의 패권을 겨루기 위한 의지와 굉장한 열정으로 충만해 있었다. 하지만 트라기아라는 섬 근처에서 벌어진 치열한 해전에서 페리클레스는 눈부신 승리를 거두었다. 함선 마흔네 척으로 일흔 척을 무찌른 것인데 그 가운데 스무 척은 보병을 나르는 수송선이었다.

XXVI.

 승리에 이어 그는 신속하게 항구를 빼앗았고 사모스를 정식으로 포위했다. 그들에게는 여전히 성 밖으로 나와 성벽 앞에서 페리클레스와 싸울 배짱이 남아 있었다. 그러나 아테나이에서, 보다 큰 규모의 두 번째 병력이 도착하자 사모스 사람들은 철저히 포위되어 성안에 갇히고 말았다. 곧이어 페리클레스가 트리에레스 60척을 이끌고 난바다로 나아갔다는 것이 권위 있는 역사가들의 증언인데, 이는 사모스를 돕기 위해 오고 있던 포이니케 함대를 만나 사모스에서 되도록 먼 곳에서 싸우기 위함이었다. 스테심브로토스는 그가 퀴프로스를 어떻게 할 작정이었기 때문이라고 말하는데 이는 믿기 어렵다.

 페리클레스가 품은 의도가 어떠하였든 그는 실수를 한 것으로 보인다. 그가 배를 띄우자마자 당시 사모스의 장군이던 철학자, 이타게네스의 아들 멜릿소스는 남아 있는 소수의 함대를 우습게보았기 때문인지, 아니면 함대를 맡은 장군들의 미숙함을 얕보았기 때문인지 동료 시민들을 설득해 아테나이군에 공격을 감행하였다. 이어진 전투에서는 사모스인들이 승리했고 수많은 적군을 포로로 삼고 함선을 파괴했다. 그리하여 바다를 장악하고 전에는 없었던 여러 군수품까지 얻었다. 아리스토텔레스에 따르면 페리클레스 자신도 앞선 해전에서 멜릿소스에 패하였다고 한다.*

XXVII.

 이것이 사실이든 아니든 함대에 찾아든 재앙에 대해 전해들은 페리클레스는 신속히 도움을 주러 왔다. 멜릿소스가 그에게 맞서기 위하여 전투 대형을 갖추었지만 페리클레스는 적을 이겨 패주시키고 단번에 성벽을 포위했다. 그런 뒤 돈과 시간이 들지언정 동료 시민들을 부상이나 치명적인 위험에 노출시키지 않는 방식으로 우위를 점하고 도시를 사로잡고자 했다. 그러나 공격이 지연되는 것을 견디지 못하는, 싸우고 싶은 마음이 간절한 아테나이 사람들을 제지하는 것은 어려운 일이었다. 그래서 페리클레스는 병력을 여덟 개 분대로 나누고 제비뽑기를 시켰다. 그 가운데 흰 콩을 뽑은 분대는 나머지가 싸울 동안 만찬을 벌이고 휴식을 취해야 했다.*

XXVIII.

여덟 달 뒤 사모스 사람들은 항복했고 페리클레스는 성벽을 뜯어 내리고 군함을 빼앗은 다음 막중한 벌금을 매겼다. 사모스 사람들은 이 가운데 일부는 즉시 납부했고 나머지는 정해진 때에 지불하기로 한 뒤 볼모를 돌려받았다.

이와 같은 사실에 사모스 사람 두리스는 비극의 재료가 될 만한 내용을 덧붙인다. 아테나이 사람들과 페리클레스가 엄청난 만행을 저질렀다고 비난한 것인데 이것은 투퀴디데스나 에포로스, 아리스토텔레스가 적고 있는 바와는 다르다.*

사모스를 정복한 뒤 아테나이로 돌아온 페리클레스는 전장에서 죽음을 맞은 이들에게 합당한 장례를 치러 주었고 관습에 따라 그들의 무덤 앞에서 연설을 하였는데, 이 연설로 여러 사람들의 존경심을 샀다.**

- 「페리클레스」, 롱기의 그림.
- ** 「페리클레스의 장례 연설」, 폴츠.

• 페리클레스의 장례 연설이 이루어졌던 케라메이코스의 유적.

이온에 따르면, 페리클레스는 사모스 사람들을 굴복시킨 것을 누구보다 자랑스럽게 여겼다고 한다. 아가멤논은 이방 민족의 도시를 빼앗는 데 십 년이 걸렸지만* 그는 이오니아의 가장 뛰어나고 강력한 민족을 몰락시키는 데 아홉 달밖에 걸리지 않았기 때문이다. 페리클레스의 자부심은 결코 부적절한 것이 아니었다. 사모스가 아테네의 해상 권력을 빼앗는 데 매우 가까이 다가갔다는 투퀴디데스의 말이 사실이라면, 페리클레스는 실로 매우 불확실하고 위험천만한 전쟁을 성공으로 이끈 셈이다.

XXIX.

이 일이 있은 뒤 펠로폰네소스 전쟁의 파도가 이미 높다랗게 넘실거릴 즈음 페리클레스는 케르퀴라 사람들에게 도움과 구원의 손길을 보내자고 시민들을 설득했다. 케르퀴라는 당시 코린토스와 전쟁을 치르고 있었다. 페리클레스는 케르퀴라를 도움으로써, 펠로폰네소스 사람들과 전쟁이 벌어진 것이나 다름없는 상황에, 강력한 해상 권력을 지닌 섬을 아

• 트로이와의 전쟁을 이르는 말.

테나이 편에 두고자 했던 것이다.

그러나 시민들이 투표를 통해 원조를 결정하자 페리클레스는 키몬의 아들 라케다이모니오스를 파견했고 그를 조롱하듯 함선 열 척만 딸려 보냈다. 마침 키몬의 집안은 라케다이몬 사람들에게 많은 호의와 애정을 갖고 있었다. 따라서 라케다이모니오스가 지휘권을 잡고 있는 동안 크게 눈에 띄는 공적을 세우지 못할 경우 그의 친親스파르테 성향이 비난을 받도록 하려고, 배 몇 척만 주어 길을 떠나보낸 것이다. 페리클레스는 평소에도 늘 키몬의 아들들을 방해하고 제지하고는 했는데, 그들의 이름조차 순수한 고국의 이름이 아니라 낯설고 이국적이라는 것이 페리클레스의 변명이었다. 세 아들의 이름은 각각 라케다이모니오스라케다이몬 남자, 텟살로스텟살리아 남자, 엘레이오스엘리스 남자였기 때문이다. 하지만 셋은 모두 아르카디아 여인의 뱃속에서 나온 것으로 알려져 있다.

보잘것없는 함선 열 척만 보낸 페리클레스는 극심한 비판에 시달렸다. 아테나이의 동맹국에게는 부족하기 짝이 없는 원조를 제공한 반면, 이를 불쾌히 여긴 적들에게는 전쟁을 시작할 훌륭한 구실을 만들어 주었기 때문이었다. 그리하여 페리클레스는 이후 더 많은 배들을 케르퀴라로 보냈지만 함대는 전투가 끝난 후에야 뒤늦게 도착했다.

코린토스 사람들은 이러한 상황에 격분하여 스파르테에서 아테나이 사람들을 비난했다. 여기 동참한 것이 메가라 사람들로 그들은 아테나이 사람들의 통제 아래 있는 모든 시장과 항구에서 자신들이 소외되거나 쫓겨나고 있으며, 이는 헬라스의 공통법과 공식 맹세에 어긋나는 처사라고 했다. 아이기나 사람들 역시 부당한 대우를 받았다는 생각에 분노했다. 따라서 라케다이몬 사람들의 귀에 대고 비밀리에 불만을 토로하기를 계속하였는데 드러내놓고 아테나이 사람들을 비난할 용기는 없었기 때문이다. 이 결정적인 시기에 포티다이아마저 반란을 일으켰다. 포티다이아에는 코린토스 이주민들이 살고 있었지만 지배권은 아테나이에 있었다. 포티다이아에 대한 포위 공격은 전쟁을 더더욱 재촉하였다.

이 모든 비난에도, 각국의 외교 사절단이 반복해서 아테나이로 향하고 있었고 라케다이몬의 왕 아르키다모스가 동맹국들의 비난에 대해 대부분 평화로운 해결책을 제시하며 화를 누그러뜨리려고 노력하고 있었기 때문에, 아테나이가 메가라 사람들에게 불리한 법령을 폐지하고 그들과 화해하겠다고 동의하기만 하면 그 밖의 이유로 아테나이 사람들이 전쟁에 휘말리는 일은 없었을 것이다. 그런데 이에 가장 반대하고 메가라와의 적대관계를 유지하도록 부추긴 것이 페리클레스였으므로 결국 그 홀로 전쟁의 책임을 짊어지게 되었다.

XXX.

전해지는 말에 따르면 위에 언급된 문제들을 해결하기 위해 라케다이몬 사절단이 아테나이로 왔다. 이때 페리클레스는 다음과 같은 변명을 방패막이로 삼았다. 아테나이에 법이 하나 있는데 바로 이 법 때문에 메가라에 불리한 법령이 새겨진 서판을 내릴 수 없다고 말한 것이다. 그러자 사절단의 일원이었던 폴뤼알케스가 다음과 같이 말했다고 한다.

"그러면 서판을 내리지 말고 뒤집어 벽을 바라보게 하세요. 설마 그걸 금지하는 법은 없겠지요."

재치 있는 제안이었으나 페리클레스는 꼼짝도 하지 않았다. 그는 마음속으로 메가라 사람들에 대해 어떠한 개인적인 원한을 감추고 있었을지 모른다. 아무튼 메가라에 대한 그의 비난은 공개적이고 노골적이었다. 그는 메가라가 성역 엘레우시스를 그들만의 세속적인 목적으로 사용했다고 주장하며 메가라로 전령을 보내는 법령을 제안했다. 그 전령은 또한 메가라를 규탄할 목적으로 라케다이몬으로 가게 되어 있었다. 아무튼 이 법령은 페리클레스의 작품이었고 합리적이고 인도적인 명분을 바탕으로 행동을 취하려는 목적을 담고 있다.

그러나 아테나이의 전령 안테모크리토스가 메가라 사람들의 사주를 받은 자들의 손에 죽임을 당한 것으로 알려지자 카리노스는 메가라에 적대적인 법령을 제안했다. 이 법령은 아테나이 사람들을 부추겨 메가라에 대하여 타협 불가능한, 달랠 길 없는 적개심을 갖게 만들었으며 메가라 사람이 아테나이 땅에 발을 디디기만 해도 사형에 처해진다는 내용 또한 담고 있었다. 또 전쟁에 나가는 장군들은 직무에 임하기 전 대대로 내려오는 서약을 하곤 했는데 새 법령은 이 서약에 새로운 조항을 더했다. 메가리스를 한 해에 두 번 침략할 것을 맹세하도록 한 것이다. 또 안테모크리토스에게 합당한 장례를 치르고 트리아시아이 대문 옆에 묻어 주도록 하는 내용도 있었다. 이 대문은 오늘날 디퓔론이라고도 한다.

반면 메가라 사람들은 안테모크리토스를 살인했다는 것을 부인하고 아테나이의 증오를 아스파시아와 페리클레스의 탓으로 돌리면서 『아카르나이 사람들』에 나오는 널리 알려지고 진부한 시구를 인용해 호소하였다.

메가라의 여인, 창부 시마이타가
거나하게 취한 귀공자들의 손에 납치되자
메가라 사람들은 분노의 고통을 뜨겁게 내뿜으며
도둑질을 앙갚음하고 아스파시아의 창부 둘을 납치했습니다.

XXXI.

아테나이가 애초에 메가라에 적대적인 법령을 정한 이유를 알아내는 것은 쉬운 일이 아니지만, 이유가 무엇이었든 법령이 폐지되지 않은 것은 페리클레스의 책임이라고 모두가 입 모아 말하고 있다. 다만 일부의 말에 따르면 그가 꼿꼿한 자세로 법령의 폐지를 지속적으로 거부한 것은 그것이 도시를 위한 최선의 방법이라는 명확한 인식 때문이었다. 그가 법령을 복종심의 시험이라고 여겼으며 그 이행을 약점의 인정으로 생각했다는 것이다. 그러나 다른 이들의 주장에 따르면, 그가 경멸에 가득 찬 태도로 라케다이몬에 저항한 것은 그가 오만하고 분쟁을 좋아했기 때문이며 세력을 과시하고 싶었기 때문이라고 한다.

그러나 페리클레스를 향한 최악의 비난이자 가장 많은 사람들의 입을 통해 전해진 비난은 대략 다음과 같다. 아테나 여신의 조각상을 만드는 일을 책임졌던 페이디아스는 페리클레스의 친구들 무리에 끼어 페리클레스에게 막강한 영향력을 행사하게 되었는데, 이것이 질투를 유발하여 여러 적을 만드는 결과를 낳았다. 한편으로 다른 이들은 그를 이용하여 민중을 시험하고 페리클레스와 연관된 일에 민중이 어떠한 판단을 내릴지 보고자 했다.

그리하여 메논이라는 페이디아스의 조수를 설득해 시장에서 탄원자의 자리에 앉게 했다. 또 페이디아스에 대해 증언하고 그를 고발하는 대신 처벌 면제권을 요구하도록 했다. 민중은 메논의 제안을 받아들였고 민회에서 페이디아스를 정식으로 기소했다. 그러나 횡령 혐의는 입증할 수 없었다. 페이디아스는 애초에 조각상을 황금으로 장식할 때부터 페리클레스의 지혜로운 조언을 받아들여 언제든지 황금을 제거하여 무게를 잴 수 있도록 만들어 설치해 두었기 때문이다. 실제로 페리클레스는 페이디아스의 고발자들에게 그렇게 할 것을 명했다.

그럼에도 페이디아스의 작업이 누린 명성은 질투심 가득한 증오로 이어져 그에게 짐이 되었다. 그가 아테나 여신의 방패에 아마존 여인들과의 전투를 묘사했을 때, 두 손으로 바위를 높이 쳐드는 대머리 노인의 모습에 자신의 모습을 겹쳐 조각했다는 사실, 그리고 페리클레스와 매우 흡사한 자가 아마존 여인과 싸우는 모습을 삽입했다는 사실도 페이디아스에게 부담이 되었다. 닮은 얼굴을 가리기 위해서인 듯 아테나 여신은 페리클레스의 얼굴 위로 창을 내밀고 있는 교묘한 자세를 취하고 있었지만, 양옆 어디에서 보아도 닮았다는 사실은 명백했다.

결국 페이디아스는 감옥으로 끌려갔고 거기서 병으로 죽었다. 그러나 그가 페리클레스의 적들이 준 독약을 먹고 죽었다는 주장도 있는데 이 주장에 따르면 적들은 페리클레스를 모함하기 위해 이런 짓을 벌였다. 아무튼 민중은 글뤼콘의 제안에 따라 고발자 메논에게 세금을 납부할 의무를 면제해 주었고 장군들에게 메논의 안전을 확보하는 임무를 맡겼다.

XXXII.

아스파시아가 불경죄로 재판에 선 것도 이때였다. 희극 시인 헤르밉포스가 기소했는데 그는 아스파시아가 자유민 여성을 페리클레스와 몰래 만나게 했다는 혐의도 덧붙였다. 또 디오페이테스는 신들을 믿지 않고 천상에 대한 이론을 가르치는 이들을 공개적으로 고발하는 법안을 발의했는데, 이는 아낙사고라스를 이용해 페리클레스에게 의심의 눈초리를 보내려는 수작이었다.

민중은 이와 같은 비방을 기쁘게 받아들였고 이런 분위기에서 드라콘

티데스가 발의한 법안이 통과되었다. 법안에 따르면 페리클레스는 사용한 공금의 내역을 각 부족의 대표자들에게 보고해야 했고 배심원들은 아크로폴리스에 위치한 아테나 여신의 제단에 놓여 있던 조약돌로 페리클레스의 잘잘못을 결정하게 되어 있었다. 그러나 하그논은 이 조항을 개정할 것을 건의하였다. 죄목이 횡령이든 뇌물 수수든 배임이든 평소와 같은 방식으로 배심원 천오백 명이 심판하도록 제안한 것이다.

아무튼 아이스키네스의 말에 따르면 페리클레스는 아스파시아의 재판에서 꽤 많은 눈물을 흘리며 배심원들에게 간청해 아스파시아의 혐의를 벗겼고 아낙사고라스를 지나치게 염려한 나머지 아주 도시 밖으로 내보내 버렸다. 그리고 페이디아스 사건 당시 이미 민중과 부딪힌 바 있었기에 자신의 사건을 맡을 배심원들을 두려워한 나머지, 은근히 달아오르며 아테나이를 위협하고 있던 전쟁에 부채질을 한 것이다. 그리하여 자신을 향한 고발을 잠재우고 민중의 시기심을 경감시키려 했던 것이다. 중대한 과업이 진행 중이거나 크나큰 위험이 닥쳐왔을 때 아테나이 사람들은 쓸모 있고 강력한 페리클레스, 오로지 페리클레스 혼자에게 나라를 맡겼기 때문이다. 그가 민중으로 하여금 라케다이몬에 무릎을 꿇도록 내버려두지 않은 이유가 바로 여기에 있다고 추정된다. 그러나 무엇이 진실인지는 명확하지 않다.

XXXIII.

라케다이몬 사람들은 페리클레스를 끌어내릴 경우 아테나이가 더욱 호락호락해지리라는 생각에 아테나이 사람들에게 퀼론의 오염*을 유발

---

* 아르콘 메가클레스가 성역에 피신해 있던 퀼론 일당을 무참히 살해함으로써 손에 불경한 피를 묻힌 일.

한 자들을 추방하라고 명령했다. 투퀴디데스의 주장에 따르면 여기에는 페리클레스의 외가가 연루되어 있었다. 그러나 이 시도는 일을 꾸민 자들의 의도와 정반대의 결과를 가져왔다. 페리클레스가 시민들 사이에서 의심과 비방 대신 전보다 더 많은 신뢰와 존경을 얻은 것이다. 적국 라케다이몬이 페리클레스를 누구보다 증오하고 두려워하고 있음이 드러났기 때문이다. 더 나아가 아르키다모스가 펠로폰네소스 사람들과 힘을 합쳐 앗티케를 침략했을 때 페리클레스는 아테나이 사람들에게 다음과 같이 공개 선언을 하였다. 만약 아르키다모스가 영토를 약탈하되 페리클레스 자신의 소유지만을 빼놓는다면, 그것이 둘 사이의 옛정 때문이든 페리클레스의 정적들에게 비방할 구실을 만들어주기 위함이든 자신의 땅과 그 위의 모든 저택을 나라에 바치겠다고 한 것이다.

한편 라케다이몬과 동맹국들은 아르키다모스 왕의 지휘 아래 거대한 병력을 이끌고 앗티케로 쳐들어왔다. 그들은 영토를 약탈하며 진군하여 아카르나이까지 가서 진을 쳤다. 아테나이 사람들이 이를 용납하지 않을 것이며 분한 나머지 자존심을 지키기 위해서라도 전투에 응하리라 여겼기 때문이다.

그러나 페리클레스는 펠로폰네소스와 보이오티아의 중장비 보병 6만과 전투를 벌이고 그 결과가 도시의 운명을 좌지우지하게 내버려두는 것은 끔찍한 일이라고 생각했다. 1차로 침공해 온 병사들의 수가 그렇게나 많았던 것이다. 그리하여 그는 싸우고자 안달이 난 사람들, 그리고 적의 행태에 불안감을 느끼고 있는 사람들을 달래기 위해 말하기를 나무는 베고 다듬어도 금방 다시 자라지만 사람들이 파괴되면 다시 얻기 쉽지 않다고 했다. 나아가 민중을 모아 회의를 여는 것을 꺼렸는데 민중이 자신의 우월한 판단에 제지를 가하리라고 생각했기 때문이다. 대신 노련한 배의 키잡이처럼 행동했다. 노련한 키잡이는 난바다에 뜬 배에 폭풍이 불어닥쳤을 때, 뱃멀미하는 겁먹은 승객들의 눈물과 절규를 무시한 채 모든 것을 고정시키고 돛을 접으며 묵묵히 다양한 능력을 발휘하는 법이다. 페리클레스도 이처럼 도시를 단단히 폐쇄하고 모든 지역을 철저한 보초 아래 두었으며 소란을 일으키고 불평을 일삼는 자들에게는 신경을 끈 뒤 오직 스스로의 판단에 기대어 행동했다.

그럼에도 수많은 동료들이 페리클레스에게 간절히 애원했고 그의 정적들은 그를 위협하고 비난했으며 합창대는 지저분한 조롱이 담긴 노래를 부르며 그의 비겁하고, 적에게 모든 것을 맡기는 무책임한 통솔력을 비난했다.

XXXIV.

그러나 페리클레스는 동요하지 않고 묵묵히 치욕과 증오를 감내했다. 그리고 펠로폰네소스 군에 맞설 함선 백 척을 보냈다. 자신은 함께 출항하지 않고 뒤에 남아 펠로폰네소스 군대가 철수할 때까지 도시를 철통같이 지키고 안정시키는 데 주력했다. 그리고 적이 철수한 뒤에도 전쟁의 불안을 떨치지 못하고 있던 대중을 위로하기 위해 부를 분배하고 정복한 땅의 분배도 제안함으로써 그들의 호의를 샀다.

예를 들어, 아이기나에서 사람들을 깡그리 몰아낸 그는 제비뽑기를 통해 섬을 아테나이 사람들에게 나누어 주었다. 적이 받고 있던 고통도 위로가 되었다. 펠로폰네소스 근방으로 파견된 원정대는 꽤 많은 영토를 짓밟고 여러 마을과 작은 도시들을 약탈했다. 페리클레스 자신은 육로로 메가리스를 침략해 철저히 파괴했다. 이로써 명백하게 드러난 사실은, 적이 육지에서 아테나이 사람들에게 적잖은 피해를 입힌 것은 사실이나 그들 또한 바다에서 아테나이에 의해 많은 피해를 입었다는 것이다. 그대로 갔다면 적은 페리클레스가 처음 예측했던 대로, 전쟁을 질질 끌지 않고 신속히 포기했을 것이다. 그러나 하늘에서 내려온 무시무시한 재앙이 인간의 계산을 무효로 만들고 말았다.

먼저 역병이 찾아와 군사력의 주축을 이루던 젊은 병사들을 깡그리 해치웠다. 이는 병력의 크기를 줄이고 사기까지 떨어뜨려 사람들로 하여금 페리클레스에 대해 광분하게 만들었다. 마치 미치광이가 의사나 아버지를 공격하듯 시민들 또한 페리클레스의 정적들의 말에 설득당해 그에게 해를 입히려고 했다. 페리클레스의 정적들은 역병이 일어난 원인으로 수없이 많은 시골 사람들이 도시로 몰려든 점을 들었다. 여름 한철 많은 사람들이 비좁은 집과 숨 막히는 막사에 갇힌 채, 평소처럼 깨끗하고 시원한 공기를 마시는 대신 실내에서 아무 활동 없이 지내야 했기 때문에 역병이 일어났다고 주장한 것이다. 그들은 이를 페리클레스의 탓으로 돌리며 그가 전쟁을 핑계로 지방에서 온갖 어중이떠중이들을 데리고 와 성벽 안에서 지내게 했기 때문이라고 말했다. 게다가 그들에게 어떠한 일자리도 주지 않고 가축 떼처럼 가둔 뒤 서로를 부패시키도록 내버려두었으며 그 어떤 변화와 휴식도 제공하지 않았다고 주장했다.

XXXV.

이와 같은 불운을 치유하고 동시에 적을 괴롭히기 위해 페리클레스는 군함 150척에 선원을 태우고 용감한 중장비 보병과 기병을 실은 다음, 바다로 나가려고 하였다. 거대한 병력은 시민들에게는 희망을, 적에게는 그만큼의 두려움을 안겨주었다. 그런데 병사들이 모두 승선하고 페리클레스 역시 자신의 트리에레스에 올라탄 찰나 때마침 일식이 벌어지고 어둠이 찾아왔다. 그러자 모두들 겁에 질렸고 이것을 중요한 징조라고 생각했다.

　페리클레스가 보니 자신이 탄 배의 키잡이마저 겁을 먹고 몹시 당황한 모습이었다. 그래서 외투를 들어 올려 키잡이의 눈을 가린 뒤 그것이 두렵거나 두려운 일을 예언하는 징조라고 생각하느냐고 물었다. 키잡이는 아니라고 대답했다. 그러자 페리클레스가 말했다.

　"그렇다면 저 일식이라고 다를 게 무엇인가. 어둠을 가져온 것이 내 외투보다 좀 더 크다는 것밖에는?"

　아무튼 이 이야기는 여러 철학 학파들을 통해 전해져 온다.

　함대를 몰고 나선 페리클레스는 준비 과정에 맞먹는 업적은 이루지 못한 듯하다. 신성한 에피다우로스에 대한 포위 공격을 시작한 뒤 어쩌면 사로잡을 수도 있으리라는 희망이 눈을 떴지만 행운은 찾아오지 않았다. 역병 때문이었다. 역병의 사나운 공격은 아테나이 사람들만 죽인 것이 아니라 어떤 방식으로든 아테나이 병력과 교류가 있던 사람들에게까지 손을 뻗쳤다. 페리클레스는 이 일로 자신에게 격노한 아테나이 사람들을 달래고 또 격려하려 애썼다. 그러나 그들의 분노를 잠재우는 데에도, 목적을 돌리는 데에도 성공하지 못했다. 그 전에 시민들이 손에 반대표를 쥐고 그의 운명의 주인이 되었으며 지휘권을 박탈하고 벌금으로 처벌하였기 때문이다.*

XXXVI.

　관직에서 그가 겪은 어려움은 대략 여기까지다. 그러나 이 어려움은 오래가지 않았다. 벌이 침을 쏘듯 페리클레스를 쏘아 해를 입힌 군중은 그 침과 함께 분노도 잃었기 때문이었다. 그러나 개인적인 상황은 심각한 곤경에 처해 있었다. 그가 역병으로 절친한 친구들을 여럿 잃었을 뿐만 아니라 그 이전부터 가족 싸움으로 인해 만신창이가 되어 있었기 때문이다.

페리클레스의 적법한 아내가 낳은 아들들 가운데 장남이었던 크산팁포스는 본성이 방탕하였으며, 젊고 사치스러운, 티산드로스의 딸을 아내로 두고 있었다. 크산팁포스는 보잘것없는 액수의 용돈을, 그것도 조금씩 나누어 주는 아버지의 엄격함이 매우 불쾌했다. 그리하여 아버지가 시킨 것처럼 꾸며 아버지의 친구에게 사람을 보내 돈을 구했다. 친구가 나중에 빚을 갚으라고 요구하자 페리클레스는 이를 거부했을 뿐 아니라 아들을 고발하기까지 하였다.

이에 화가 난 크산팁포스는 아버지를 괴롭히기 시작했다. 아버지가 집안일을 처리하는 방식이나 궤변론자들과 하는 이야기를 널리 알림으로써 아버지를 웃음거리로 만든 것이다. 이런 이야기도 있었다. 하루는 어느 선수가 던진 창에 우연히 파르살로스 출신의 에피티모스가 맞아 죽었다. 이때 페리클레스는 프로타고라스와 함께 사고의 책임이 '엄밀히 말해서' 누구에게 있는지, 창에 있는지 창을 던진 사람에게 있는지 아니면 대회 심판에게 있는지 논의하느라 하루를 꼬박 낭비했다고 한다. 이 밖에도 스테심브로토스의 말에 따르면 페리클레스의 아내에 관한 악의 짙은 비방은 크산팁포스 자신이 대중들 사이에 소문의 씨앗을 심은 결과이다. 그와 아버지 사이에 있었던 다툼은 크산팁포스가 역병으로 병들어 죽는 순간까지 조금도 해소되지 않았다.

페리클레스는 그 사이 누이를 잃기도 했고 친척과 친구들도 상당수 떠나보냈으며 도시를 다스리는 데 가장 요긴했던 동료들 역시 잃었다. 그러나 그는 재앙이 닥쳐왔다고 해서 그 숭고하고 당당한 기상을 포기하거나 버리지 않았고, 오히려 지인의 장례식에서나 무덤에서도 눈물을 보이지 않았다. 그러나 그의 적자 가운데 마지막으로 남아 있던 파랄로스를 잃었을 때는 달랐다. 처음 아들의 죽음을 접한 페리클레스는 낙담하기는 했어도 평소 습관을 유지하고 정신적 당당함을 지키려고 애썼다. 그러나 죽은 아들의 시신에 화환을 놓던 페리클레스는 그 광경을 보고 괴로움에 압도된 나머지 통곡을 터뜨렸고 눈물을 뚝뚝 떨어뜨렸다. 이것은 그의 생애에 처음 있는 일이었다.

XXXVII.

아테나이는 전쟁을 이끌어 나갈 사람을 선발하기 위해 여러 장군과 고문역을 시험해 보았으나 그 가운데 누구도 적절한 무게감이나 지도자로서 필요한 권위를 갖고 있지 못했기 때문에 페리클레스를 그리워했다. 그래서 다시금 그를 연단으로, 그리고 지휘관의 자리로 불러냈다. 페리클레스는 슬픔에 잠겨 힘없이 집에 누워 있다가 알키비아데스와 그 밖의 친구들에게 설득당해 공직으로 돌아가게 되었다. 시민들은 감사할 줄 모르고 그를 푸대접한 것에 대해 사과했고 페리클레스는 다시 국정을 맡고 장군으로 선출되었다.

그러자 그는 혼외 관계에서 낳은 자식에 관한 법을 폐지할 것을 제안했다. 법은 과거에 페리클레스 자신이 제안한 것이었으나 자손이 없어 가문의 명성과 혈통이 끊길 것을 걱정한 페리클레스는 이제 그 폐지를 요청한 것이었다.

이 법에는 다음과 같은 사연이 있었다. 폐지를 제안하기 여러 해 전, 페리클레스의 정치 인생이 절정에 달해 있고 적법한 혼인 관계에서 낳은 아들들이 있을 당시 그가 발의한 법안은 부모가 모두 아테나이 시민이어야 자식도 아테나이 시민이라고 규정하고 있었다. 따라서 아이귑토스의 왕이 시민들에게 곡식 4만을 선물하고 이 곡식을 시민들이 나눠 가져야 했을 때 페리클레스의 법에 따라, 태생이 적법하지 못한 시민들을 상대로 기소가 잇따랐다. 그때까지 눈에 띄지 않고 조용히 살아가던 이들이 고발을 당했고 또 많은 사람들이 밀고자들에 의해 발각되었다. 그 결과 5천 명 못 미치는 사람들이 유죄로 판명되어 노예로 팔려갔고 이 엄밀한 가려내기 끝에 아테나이 사람이라고 판명되어 시민권을 지킨 사람은 모두 1만 4천4십 명이었다. 따라서 그토록 많은 사람들을 상대로 강경하게 집행했던 법을 그 법을 제안한 당사자가 폐지한다는 것은 심각한 문제였다.

그러나 당시 페리클레스의 가정이 겪고 있던 재앙은 그의 옛 오만과 건방짐에 대한 일종의 처벌이라고 여겨졌기에 아테나이 사람들의 항의는 사그라졌다. 그들은 페리클레스의 고통이 일종의 응보라고 생각하고 법의 폐지를 제안하는 것도 남자다운 일이며 폐지를 승낙하는 것도 남자다운 일이라고 판단해, 페리클레스가 자신의 서자를 족보에 넣는 것을 허락하고 페리클레스의 이름을 물려주도록 했다. 이 아들이 바로 훗날 아르기누사이 제도에서 벌어진 해상 전투에서 펠로폰네소스인들을 물리쳤으며 시민들의 손에 동료 장군들과 함께 사형에 처해진 그 인물이다.

XXXVIII.

이 무렵 역병이 페리클레스에게까지 손을 뻗친 것으로 보인다. 다른 사람들의 경우처럼 증상이 격렬하거나 급성은 아니었지만, 여러 증상을 유발하며 느리고 오래 진행되는 가운데 서서히 페리클레스의 육체를 지치게 하고 당당한 기상을 좀먹은 듯하다. 확실한 것은 테오프라스토스가 그의 저서 『윤리』에서 사람의 성격이, 그 사람의 행불행에 따라 변하고 육체적 고통에 의해 그 높은 기상을 버리도록 강요받는지 탐구하면서 다음과 같은 사실을 기록했다는 점이다. 몸져누운 페리클레스는 문병 온 친구에게 집안 여인들이 목에 걸고 있는 부적을 보여주면서 그러한 어리석은 짓을 허용할 만큼 자신의 상태가 좋지 않다는 것을 나타냈다.

그가 죽음의 목전에 이르자 살아남아 있던 최고 시민들과 페리클레스의 동료들은 그의 주위에 앉아 그의 탁월함과 권력에 관하여 이야기를 나누었다. 그들은 페리클레스의 모든 업적과 승전비들을 되짚어 보기도 했는데 그가 아테나이의 장군으로 승승장구하며 세운 승전비는 총 아홉이었다. 그들은 페리클레스가 의식을 잃어 그들의 말을 알아듣지 못한다고 생각하고 이와 같은 이야기를 나누고 있었던 것이다. 그러나 페리클레스는 모든 것을 듣고 있었다. 이어서 소리 내어 말하기를 자신의 업적이기도 하지만 그만큼 운명의 업적이기도 한 것, 그리고 자신 말고도 여러 다른 장군들에게 주어졌던 행운을 그토록 칭송하고 기념하다니 놀라울 따름이라고 하였다. 다만 높은 평가를 받아 마땅한 그의 가장 아름답고 훌륭한 업적은 따로 있다고 덧붙였다.

"살아 있는 아테나이 시민 누구도 나로 인해 상을 치러야 했던 적이 없다는 것입니다."

XXXIX.

따라서 페리클레스는 수많은 임무와 극심한 견제 속에서도 굽히지 않았던 온당함과 관대함뿐만 아니라 그의 드높은 기상으로 인해 존경받아 마땅하다. 페리클레스가 원했던 가장 고귀한 영예는 자신이 개인적인 시기심이나 열정을 충족하기 위해 자신의 막대한 권력을 행사한 적이 없고 그 어느 정적도 영원한 적으로 대한 적 없다는 점을 인정받는 것이었다. 그가 그토록 너그러운 본성을 갖고 그토록 청렴하고 흠결 없이 주권을 행사했다는 점에서 볼 때, 자칫 유치하고 거만하게 보일 수도 있는 올륌피오스라는 별명은 실로 그에게 적절하다는 것이 내 생각이다.

물론 이것은 신들의 지배자와 우주의 왕이 오로지 선만을 행할 수 있으며 악을 행하는 것은 불가능하다고 단언하는 한에서만 유효하다. 이런 면에서 우리는, 무지한 상상으로 우리를 혼란에 빠뜨리고 모순된 이야기를 하는 시인들과 다르다. 그들은 신들이 사는 곳은 위험이 없고 평화로운 곳이며 바람과 구름이 없고 영속적인 시간을 가로질러 순수한 빛의 은은한 광채가 비추는 곳이라고 말하며 그러한 곳에 알맞은 존재 방식이 축복받은 신들에게 가장 적절하다는 것을 암시하고 있다. 그럼에도 신들을 묘사할 때는 악의와 증오, 분노를 비롯하여 인간에게조차 부적절한 여러 감정으로 가득 찬 것으로 그린다. 어쨌든 이 문제는 여기서 논의하기 적절치 못하다.

이어진 사건들은 아테나이 사람들이 페리클레스에 대한 고마움을 느끼고 그의 부재를 뼈저리게 실감하게 만들었다. 그가 살아 있는 동안 그의 권력에 부담감을 느끼고 그의 권력에 의해 빛을 보지 못했다고 느꼈던 사람들은 페리클레스가 사라지자마자 다른 연설가들과 민중 지도자들을 시험해 보았다. 그러나 페리클레스만큼 절도 있는 위엄과 존경할 만한 너그러움을 가진 인물은 존재하지 않는다는 것을 인정할 수밖에 없었다.

그들이 군주제다, 독재다 주장하며 많은 이의를 불러일으켰던 페리클레스의 권력은 새삼 체제를 지켜왔던 보루처럼 느껴졌다. 페리클레스는 부패와 갖가지 저열함을 약화시키고 바짝 엎드려 있게 만드는 한편 눈에 띄지 않게 덮어두었으며 불치의 권력으로 자라나지 못하도록 미연에 방지했기 때문이다. 그러나 그가 죽고 난 뒤 이 부패와 저열함은 밖으로 기어 나와 나라를 심각하게 위협했다.

파비우스 막시무스

파비우스 막시무스

I.

　페리클레스의 인생에서 기억할 만한 업적을 다 이야기했으니 이제 방향을 돌려 파비우스에 대해 말하고자 한다. 일부의 말에 따르면 티베리스 강 유역에서 어느 요정이, 다른 사람들의 말에 따르면 그 지방에 살던 어느 여인이 헤라클레스와 어울려 딸을 낳았는데 그 딸이 로마의 크고 이름 높은 파비우스 가문의 시조가 된 파비우스의 어머니였다.*

　파비우스 가문은 여러 위대한 인물을 낳았다. 그 가운데 가장 위대한 이는 룰루스였는데, 로마 사람들은 그의 위대함을 높이 사 막시무스라고 이름 붙였다. 내가 이야기하려는 파비우스 막시무스는 바로 이 룰루스의 4대 아래 후손이다.

　이 파비우스는 신체적 특징, 구체적으로 말하자면 입술 위에 난 작은 사마귀로 인해 베르루코수스라는 별명을 얻었다. 오비쿨라, 즉 새끼 양이라는 의미의 별칭도 있었다. 어렸을 적 성격이 순하고 점잖았기 때문이었다. 실로 그는 태도가 차분하고 조용했으며 아이다운 놀이를 할 때에도 극도의 조심성을 기울였고 공부를 할 때는 느리고 힘들게 배웠다.

동료들과 어울릴 때에는 기꺼이 복종하였으므로 그의 겉모습만 본 사람은 그가 어리석고 바보스럽다고 생각하기 쉬웠다.

소수만이 그의 영혼 깊은 곳에 있는 꺾이지 않는 굳건함, 그리고 너그럽고 용맹스러운 본성을 알아보았다. 그러나 시간이 지나면서 사회생활의 다양한 요구에 자극을 받은 파비우스의 본 모습은 보통 사람들에게도 분명하게 드러났다. 그동안 무기력으로 보인 것은 사실 격정의 부재였고 소극적인 태도로 보인 것은 실은 분별력이었다. 몸의 움직임이 빠르거나 수월하지 않다는 점은 오히려 그를 언제나 꿋꿋하고 확고하게 만들어 주었다.

나라를 다스리는 일이 매우 중요하며 전쟁이 많다는 것을 깨달은 파비우스는 전쟁을 위해 자연이 선사한 무기, 즉 자신의 신체를 단련했고 민중을 설득하기 위한 도구인 연설 능력도 다졌다. 연설에 자신의 삶의 방식에 어울리는 형식을 부여한 것이다. 파비우스의 연설에는 가식이나 허황된 수사적인 치장은 없었으나 그만의 독특한 품격에서 나오는 위엄이 있었으며 그는 여기에 풍부한 잠언으로 무게를 더했다. 그의 잠언은 투퀴디데스가 인용한 것들과 매우 유사했다고 한다. 파비우스의 연설 가운데 지금까지 보존되어 오는 것이 있는데 집정관직을 수행하다 죽은 자신의 아들을 추모하며 발표한 애도의 연설이 그것이다.

II.

파비우스가 집정관의 자리에 오른 것은 총 다섯 번이다. 그 첫 번째 임기 중에 그는 리구리아 사람들을 상대로 치른 전투에서 승리했다. 크나큰 패배로 극심한 손실을 입은 적은 알페스알프스로 숨어들어 갔으며, 그 후로는 근처 이탈리아 땅을 약탈하거나 괴롭히는 것을 그만두었다.

얼마 후 한니발이 이탈리아로 쳐들어왔다. 먼저 트레비아 강 유역에서 벌어진 전투에서는 한니발이 승리했다. 그런 뒤 한니발은 에트루리아 지방을 가로질러 행군하며 영토를 짓밟았고 끔찍한 경악과 공포로 로마를 강타했다. 여러 징후와 전조가 포착되었다. 찢어지는 천둥소리처럼 로마 사람들에게 한결 익숙한 것도 있었고, 전혀 낯설고 특이한 현상들도 있었다. 예를 들면 방패가 피를 흘렸다고도 하고 안티움에서 수확한 옥수수 이삭에 피가 묻어 있었다고 하기도 한다. 높은 데서 불타는 돌이 떨어지기도 했다. 팔레리이 사람들은 하늘이 열리고 거기서 여러 서판이 떨어져 흩어졌는데 이 가운데 하나에 다음과 같이 또렷이 적혀 있었다고 한다.

"이제 마르스 신께서 무기를 휘두르신다."

- 『알프스에서 처음으로 이탈리아 땅을 내려다보는 정복자 한니발』, 고야.
- 한니발. 빈의 쇤브룬 궁전.
- 루브르 박물관에 있는 한니발의 조각상.
- 알프스를 넘는 한니발의 군대.

그러나 그 무엇도 집정관 가이우스 플라미니우스를 위협하지 못했다. 그는 본래 성격이 불같고 야심에 찬 사람이었던 데다 모두의 기대에 반하여 거둔 크나큰 성공으로 고무되어 있었다. 원로원이 그의 계획에 동의하지 않았고 동료 집정관 역시 격렬히 반대했음에도 갈리아 사람들과 전투를 벌여 승리한 바 있었기 때문이다.

파비우스 역시 여러 징후와 전조를 보고도 그다지 불안해하지 않았다. 정말 많은 사람들이 그러한 것들에 큰 영향을 받고 있었지만 파비우스에게는 어처구니없게 여겨졌기 때문이다. 그러나 적의 숫자가 얼마나 적고 군수품의 부족이 얼마나 심각한지 알고는 로마에 시간을 끌 것을 권했다. 오로지 로마와 맞설 목적으로 수많은 전투를 통해 군대를 단련시킨 한니발에게 전투를 허용하면 안 된다고 했다. 대신 동맹군에게 원군을 보내고 종속국을 잘 다잡아, 절정에 오른 한니발의 투지가 마치 빈약하고 부족한 땔감 위로 타오르는 불꽃처럼 가물거리다 저절로 꺼지도록 내버려두자고 했다.

III.

그러나 플라미니우스는 이에 설득당하지 않고, 로마 근처에서 전쟁이 벌어지는 꼴을 지켜보지 않겠다고 선언하였다. 과거 카밀루스가 그랬듯 도시 안에서 도시를 수비하는 일은 없게 하리라고 말한 것이다. 따라서 군사 호민관에게 군대를 이끌고 나가도록 명령하였다. 그러나 플라미니우스가 말에 올라탄 순간 말이 별 뚜렷한 이유도 없이 공포에 기이한 몸부림을 치더니 플라미니우스를 머리부터 바닥에 내리꽂았다. 그럼에도 플라미니우스는 절대로 목적을 굽히지 않았고, 한니발과 맞서기 위해 나선 길이니만큼 에트루리아의 트라쉬메네 호수 곁에 병력을 집결시켰다.

양측 군대가 맞붙고 전투가 극에 달했을 무렵 지진이 일어났다. 지진으로 도시가 뒤흔들리고 강의 물길이 바뀌었으며 절벽이 조각나 부서졌다. 그토록 격심한 재난이 닥쳤는데도 전투 중인 병사들은 전혀 눈치 채지 못했다. 하지만 뛰어난 전투력과 용기를 보이던 플라미니우스가 쓰러지자, 그 주변의 핵심 병력들도 함께 무너졌다. 나머지도 처참한 살육을 당한 끝에 패주하였다. 총 1만 5천 명이 토막 나 죽었고 훨씬 더 많은 수가 포로로 잡혔다. 한니발은 플라미니우스의 용맹을 인정하여 적절한 장례 절차를 거친 뒤 그의 시신을 묻어 주려고 했으나 시신은 사라져 그 어디에서도 찾을 수 없었고 아무도 행방을 알지 못했다.

트레비아에서의 패배에 대하여서는 그 소식을 적은 장군이나 전달하러 온 전령이나 사정을 있는 그대로 전하지 않고, 누구의 승리인지 모호하고 불확실하다고 거짓된 정보를 제공한 바 있었다. 그러나 행정관 폼포니우스는 두 번째 패배에 대하여 듣고 민회를 소집하였으며 그 앞에

서 말을 돌리거나 왜곡하지 않고 솔직하게 말했다.

"로마 시민들이여, 우리는 중대한 전투에서 패배하였습니다. 군대는 갈기갈기 찢겼고 집정관 플라미니우스는 전사하였습니다. 그러니 시민 여러분 스스로의 생존과 안전을 위해 현명한 판단을 내리십시오."

이 말은 그의 앞에 모여 있던 인파 사이로 폭풍처럼 휘몰아쳤고 도시는 동요하기 시작했다. 신중한 판단이, 두루 퍼진 혼란을 가라앉히기는 역부족이었다. 그러나 마침내 모두가 한마음이 되었다. 즉 독재관이라는 하나의 절대적인 권력이 필요한 상황이며 그 권력을 두려움 없이 힘차게 행사할 사람이 있어야 한다는 것에 동의한 것이다. 그리고 그런 사람은 파비우스 막시무스가 유일하다는 결정에 이르렀다. 직책의 중대함에 알맞는 기상과 품격이 있으며 무엇보다 마음의 결정을 실행에 옮길 기력이 있는 나이인 데다가 분별력으로 알맞게 조절된 용기가 있다고 여겨졌기 때문이다.

IV.

독재관을 임명하는 방안이 채택되었고 파비우스가 그 자리에 임명되었다. 그는 마르쿠스 미누키우스를 기병 대장으로 임명했고 자신 또한 전장에서 말을 타겠다며 원로원에 이를 허용할 것을 요구했다. 당시 독재관은 말을 탈 권리가 없었고 이는 고대부터 내려온 법에 의해 금지되어 있었다. 로마군의 힘은 보병대에 있다고 여겨졌기 때문에 총사령관 역시 밀집 대형 안을 떠나지 말아야 한다고 여겼거나, 독재관직이 허용하는 힘이 폭군의 힘과 마찬가지로 막강했기 때문에 전장에서만큼은 병사들에게 명백하게 의지해야 한다고 생각했기 때문일 것이다.

그러나 파비우스는 독재관직의 중요성과 위풍당당함을 자랑함으로써 시민들이 자신의 명령에 좀 더 고분고분하게 복종토록 만들어야 한다는 생각이 있었다. 따라서 거리에 나설 때도 파스케스*를 든 수행원 스물네 명을 군집시켰으며 두 사람의 집정관 가운데 남은 한 명이 그를 만나러 올 때, 그에게 부관을 보내 수행원을 물리고 그가 집정관임을 알리는 표식을 치우도록 한 다음 평범한 개인으로서 접견하도록 했다.

파비우스는 신들을 기리는 것에서부터 시작했다. 이는 무엇보다 훌륭한 시작이었다. 그는 악운이 잇따른 이유에 대하여, 이전의 장군이 종교 의식을 무시하고 우습게 본 결과이지 그의 휘하에 있던 자들이 비겁했기 때문이 아니라고 하였다. 이를 통해 그는 사람들로 하여금 적을 두려워하지 말고 신을 달래도록 만들었다. 그가 사람들의 마음에 미신을 심어 주었다고 하기는 어렵다. 그는 경건한 절차를 통해 용기를 북돋고 신들의 도움에 대한 희망으로 적이 불어넣은 두려움을 잠재우고 제거하려고 한 것이다.

또한 『시빌레의 서』를 참고한 것도 이때였는데 나라에 유익한 비밀이 적혀 있다는 이 책에 보존된 몇 가지 신탁은 당시 로마의 처지와 로마가 겪고 있던 사건들과 일치했다고 한다. 그러나 책을 통해 규명된 사실은 비밀에 붙여졌고 독재관은 다만 온 시민들 앞에서 맹세하였다. 한 해 동안 생산된 모든 염소와 돼지, 양과 황소, 그러니까 이탈리아 땅의 모든 산과 들판, 강과 초원이 돌아오는 봄에 낳아줄 모든 새끼들을 희생 제물로 바치겠다고 한 것이다. 그는 또한 신들을 기리는 음악과 연극 축제를 열겠다고 맹세했다.*

• 고위 관리들이 앞세우는 막대 묶음.

V.

 파비우스는 이와 같이 사람들의 생각을 하늘과의 관계로 돌려놓음으로써 미래를 좀 더 긍정적으로 만들었다. 그러나 파비우스 자신은 신들이 자신에게, 승리를 보장하는 지혜와 용기를 주었다고 믿으며 모든 승리의 희망을 자기 자신에게 두고는 한니발을 향해 신경을 돌렸다. 그는 한니발과 전투를 하려고 들지 않았다. 대신 그에게는 시간과 자금, 병사가 많았기 때문에 절정에 달한 사기와 근소한 물자가 전부인, 규모가 작은 한니발의 군대를 서서히 지치게끔 소모시킬 작정이었다.

 따라서 언제나 적의 기병대가 미치지 못하는 언덕 많은 지역에 진영을 세우고는 위협적인 자태로 그들을 내려다보았다. 적이 움직이지 않으면 그도 잠자코 있었다. 그러나 적이 움직이면 그는 높은 곳에서 내려와 자신을 보이되 의지에 반한 싸움에 휘말릴 정도로 거리를 좁히지는 않았다. 반면 그가 언젠가는 전투에 임할 거라는 생각을 하게 만들어 적에게 공포를 불어넣기에는 충분한 거리를 유지했다.

 그러나 이러한 방식으로 시간만 끈 탓에 그는 로마 사람들로부터 폭넓은 미움을 받았고 같은 진영에 있는 사람들도 그를 거침없이 비판했다. 더 나아가 적들은 그가 아무 용기도 없는 허수아비라고 생각했다. 그러나 한니발만은 생각이 달랐다. 다른 사람은 몰라도 한니발 자신은 상대의 영리한 계책과 상대가 택한 전술을 이해하고 있었다. 따라서 한니발은 모든 가능한 꾀와 압박 전술을 동원하여 적을 싸우게끔 하기로 결정하였다. 그러지 않으면 카르타고 군대는 파멸할 터였다. 무기를 쓰는데 적들보다 우세하였지만 싸움이 벌어지지 않아 소용없었고, 그동안 열세에 있는 병력과 자금만 낭비하며 서서히 패배하고 있었기 때문이다. 따라서 상대 선수를 붙잡으려는 영리한 운동선수처럼 온갖 종류의 전략

적 속임수와 술책을 시도해 보았다. 안전과 수비를 위주로 하는 상대방의 전술을 무너뜨리기 위해 파비우스를 직접 공격해 보기도 하고 병력을 혼란에 빠뜨려 보기도 하고 사방으로 흩어지게 만들어 보기도 하였던 것이다.

그러나 순조로운 결과를 자신하고 있던 파비우스의 의도는 바뀌지 않고 그대로였다. 그런데 기병대장 미누키우스가 그를 성가시게 했다. 미누키우스는 때를 모르고 싸우고 싶어 안달이었고 무모했으며 병사들 사이에 광적인 조급함과 허황된 희망을 심어 지지 세력을 키우고자 했다. 병사들은 파비우스를 맹렬히 비난했고 경멸에 찬 목소리로 그를 한니발의 가정교사*라고 칭했다. 반면 미누키우스는 훌륭한 인물이자 로마의 명성에 걸맞은 장군이라고 칭송했다. 이에 더욱 오만하고 기세등등해진 미누키우스는 고지대에 있는 아군의 진영을 비웃으며 독재관이 그곳에서 공들여 연출하고 있는 것은 이탈리아가 불과 칼에 폐허가 되는 광경이라고 했다. 그리고 파비우스의 친구들에게 이렇게 묻기도 했다.

"병사들을 데리고 하늘로 올라갈 작정입니까? 그토록 땅 위에 희망이 없습니까? 아니면 구름과 안개를 두르고 도망칠 작정입니까?"

친구들은 파비우스에게 이 말을 전한 뒤 그 치욕스러운 비난을 무마하고 싶다면 전투를 벌이라고 조언했다. 그러자 파비우스가 말했다.

"내가 만약 욕을 먹는 것이 두려워 나의 정해진 계획을 버린다면 지금 보이는 것보다 더 심한 겁쟁이가 될 걸세. 나라를 위해 보이는 두려움은 수치스러운 것이 아니네. 그러나 다른 사람들의 의견과 그들의 악의 가득한 비난이 두려워 갈 길을 못 가는 사람이라면 독재관이라는 높은 직책을 맡을 자격이 없네. 어리석은 자들 위에 군림하고 그들을 다스려야

---

* 로마에서는 노예가 가정교사 역할도 했는데 주된 임무 가운데 하나는 주인집 아이를 졸졸 따라다니는 것이었다. 병사들은 파비우스가 한니발의 꽁무니만 따라다닌다고 이렇게 비판하였던 것이다.

할 의무가 있는 사람이 그들의 노예가 되어서는 안 된다는 말일세."

VI.

　이 일이 있고 한니발은 심각한 실수를 범했다. 그는 군대를 이끌고 파비우스가 있는 곳을 지나 꽤 멀리 위치한, 풀이 있는 들판을 차지하고자 했다. 그래서 저녁 식사를 한 뒤 그 지역 토박이들을 시켜 카시눔 지방으로 인도할 것을 명했다. 그러나 외국인인 한니발의 발음을 잘 알아듣지 못한 토박이들은 서둘러 군을 이끌고 캄파니아 가장자리에 있는 도시 카실리눔으로 갔다.

　이 도시에는 중앙을 가로지르며 도시를 둘로 나누는 강이 있었는데 로마 사람들은 이 강을 불투르누스라고 불렀다. 강을 제외하면 이 지역은 대체로 산으로 둘러싸여 있었다. 강은 좁은 계곡을 통해 바다로 이어졌다. 강의 범람으로 습지대가 되어버린 이 협곡 주변에는 높은 모래 언덕이 많았고 습지대가 끝나는 지점에는 세차게 몰아치는 파도 때문에 닻을 내릴 곳이 없는 해변이 있었다.

　한니발이 이 계곡으로 내려가는 동안 파비우스는 지리에 밝다는 장점을 이용하여 한니발의 군대를 우회했다. 그리고 4천 명 규모의 중장비 보병대를 파견해 협곡의 좁은 출구를 막아버렸다. 나머지 병사들은 그 밖의 유리한 고지에 남겨두고, 파비우스 자신은 무장이 가장 가볍고 재빠른 병사들을 데리고 적의 후방을 공격해 적군 전체를 혼란에 빠뜨리고 8백 명가량을 무찔렀다.

　그제야 불리한 위치와 그로 인한 위험을 깨달은 한니발은 군대를 이끈 토박이들을 십자가에 매달아 처형했다. 후퇴하고 싶었으나 이미 적의 손에 들어가 버린 협곡에서 적과 맞붙어 그들을 비켜 세우는 일은 가망이 없어 보였다. 게다가 병사들은 진퇴양난의 처지에 빠졌다고 생각해 사기가 꺾이고 두려움에 휩싸여 있었다. 한니발은 속임수를 이용하여 적을 속여 넘기기로 결심했고 그 속임수는 다음과 같았다.

그는 붙잡은 소 2천 마리를 데려다 뿔에, 버들가지나 마른 나무 막대로 만든 횃불을 달았다. 그리고 밤사이 신호가 내려지면 이 횃불에 불을 붙이고 소 떼를, 적이 지키고 있는 협곡의 출구를 향해 몰 것을 명령했다. 명령이 실행에 옮겨지자마자 그는 나머지 병사들과 함께 밤의 어둠 속에 진영을 철수하고 천천히 움직였다. 불이 약하여 가지만 태우고 있을 동안 소 떼는 묵묵히 이끄는 대로 산등성이를 향해 갔다. 높은 곳에서 내려다보던 양치기와 목자들은 뿔끝에서 타오르는 불길을 보고 놀라움을 감출 수 없었다. 촘촘한 대형을 이룬 군대가 수많은 횃불을 들고 전진하고 있다고 생각한 것이다. 그러나 뿔이 다 타고 불길이 살갗에 닿자 소들은 고통을 참지 못하고 머리를 뒤흔들었으며 서로에게 불길을 뒤집어 씌웠다. 이렇게 되자 머리와 꼬리에 불이 붙은 소들은 사방팔방으로 흩어져 공포와 불안으로 가득 찬 상태로 산 밑으로 돌진하여 내려갔고, 그 와중에 근방의 숲을 불구덩이로 만들어 버렸다.

계곡을 지키던 로마 병사들이 기겁을 한 것은 당연하다. 불길로 미루어 보아 횃불을 든 병사들이 이리저리 뛰고 있는 것처럼 여겨졌기 때문이다. 따라서 적들이 도처에서 공격해 오고 온 사방에서 포위를 좁혀오고 있다고 믿은 그들은 엄청난 동요와 공포에 빠졌다. 자리를 사수할 엄두를 내기는커녕 계곡을 버리고 고지대에 있는 주 병력을 향해 줄행랑쳤다. 그 즉시 한니발의 경무장 병사들이 다가와 협곡을 차지했으며 나머지 병력도 아무런 두려움 없이 그들과 합류했다. 오히려 상당한 노획물을 거두어 짐이 될 정도였다.

VII.

파비우스가 속임수에 당했다는 것을 깨달았을 때는 여전히 밤이었다. 이리저리 도망치던 소 몇 마리가 파비우스의 부하에게 붙잡힌 것이다. 그러나 그는 어둠 속에 적이 매복하고 있을까 두려워 잠자코 있었고 병사들은 전투태세를 갖추고 기다리도록 했다. 그리고 아침이 되자 적을 추격하였고 후방을 따라잡았다. 복잡한 지형 위에서 육탄전이 벌어졌으며 상당한 소동과 혼란이 있었다. 한니발은 마침내 자신과 함께 앞서 가던 이베리아스페인 사람들을 후방으로 보냈다. 날쌔고 발이 가벼우며 산을 타는 데도 능한 이 이베리아 병사들은 중무장한 로마 보병들을 덮쳐 여럿을 토막 냈고 파비우스로 하여금 후퇴하지 않을 수 없게 만들었다.

이 일로 파비우스는 그 어느 때보다 많은 경멸과 폭언의 대상이 되었다. 당당하고 시원한 전투를 죄다 마다하고는 한니발을 우월한 판단력과 선견지명으로 이기려고 하다가 오히려 적의 판단력과 선견지명 그리고 전술에 패배했기 때문이다.

게다가 한니발은 파비우스에 대한 로마 사람들의 분노를 부채질하기 위해, 파비우스가 소유한 밭에 다다르자 다른 모든 것은 불태우고 파괴하더라도 파비우스의 밭만은 놔두라고 명했다. 그는 또 밭에 보초를 붙여 아무도 해를 입히지 못하게 하고 아무것도 훔쳐가지 못하게 하였다. 이 소식이 로마에 전해지자 더한 증오가 파비우스를 향했다. 평민 호민관들 또한 그를 지속적으로 비난했는데 이것은 대체로 메틸리우스의 선동과 요청에 의해 이루어졌다. 파비우스를 싫어한 것은 아니었지만 메틸리우스는 기병대장 미누키우스의 친척이었고 한쪽을 비방하면 다른 한쪽의 명예와 명성이 올라간다고 생각했던 것이다.

원로원 또한 분노에 휩싸인 분위기였다. 특히 파비우스가 전쟁 포로에 관해 한니발과 협의한 내용에 불만이 컸다. 두 사람이 합의한 내용에 따르면 포로를 일대일로 교환하되 한쪽의 포로가 다른 쪽보다 많을 경우 포로를 되찾으려면 한 사람에 250드라크메를 지불해야 했다. 이에 따라 포로를 일대일로 교환하였으나 한니발에게는 여전히 로마군 포로 240명이 남아 있었다. 원로원은 이들을 되찾기 위한 몸값을 보내지 않기로 결정했다. 나아가, 비겁하게 군 대가로 적의 먹잇감이 된 자들을 찾아오려는 파비우스의 노력이 나라의 위상과 어울리지 않고 나라에 득이 되지 않는다고 생각하여 그를 탓하기까지 했다.

이 소식을 들은 파비우스는 태연하게 동료 시민들의 미움을 견디어냈다. 그러나 돈이 없었기 때문에, 게다가 한니발과의 약속을 어기거나 동포를 포로로 내버려둔다는 것은 상상조차 할 수 없었으므로, 그는 아들을 로마로 보내 밭을 팔고 그 돈을 당장 전쟁터로 가져오게 했다. 아들은 땅을 팔아 신속히 돌아왔으며 파비우스는 몸값을 한니발에게 보내고 포로들을 되찾아 왔다. 이때 덕을 본 포로들 가운데 여럿이 훗날 몸값을 갚겠다고 제안했으나 파비우스는 단 한 사람의 돈도 받지 않고 빚을 모두 면제해 주었다.

VIII.

이후 파비우스는 사제들의 부름을 받고 각종 제사를 치르기 위해 로마로 가야 했다. 그래서 군을 미누키우스에게 맡기고 그 어떤 방식으로도 전투를 벌이거나 적을 공격하지 말 것을 명령했다. 파비우스는 이 같은 사항을 독재관의 자격으로 명령하는 것에 그치지 않고 반복해서 타이르고 간청했다.

그런데 미누키우스는 이 모든 것을 깡그리 무시하고 곧장 적을 위협하기 시작했다. 하루는 한니발이 식량을 구해오기 위해 대다수 병력을 내보낸 것을 알고 남아 있는 병사들을 공격해 이들을 참호 속에 처박고 여럿을 무찔렀으며 적에게 포위 공격에 대한 두려움을 불어넣었다. 떠났던 한니발의 병사들이 돌아오자 미누키우스는 안전하게 진영으로 귀환했으며 스스로는 무한한 자만심으로 가득 찼고 병사들에게는 무모함을 불어넣었다.

이 사건에 대한 과장된 소식이 재빠르게 로마에 다다르자 소식을 들은 파비우스는 미누키우스의 승리가 그의 패배보다 더 걱정스럽다고 했다. 그러나 민중은 기가 살아 기뻐하며 포룸에 회의를 소집했다. 거기서 호민관 메틸리우스는 연단에 올라 미누키우스를 칭송하며 민중을 선동했다. 그는 미누키우스를 칭송하는 반면 파비우스를 비난하였는데 그가 단지 약골에다 겁쟁이일 뿐만 아니라 실은 역적이라고까지 했다. 또한 누구보다 능력 있는, 으뜸가는 시민들도 싸잡아 비난했다. 메틸리우스의 말에 따르면 그들이 애초에 전쟁을 시작한 것은 민중을 짓밟기 위해서였다. 그들은 도시를 유일하고 절대적인 권력을 가진 한 사람, 파비우스의 손에 맡겼다. 파비우스가 이탈리아는 제 손안에 있다고 호소하며 시간을 지체해야 한니발이 유리한 위치에 놓이고 리뷔에아프리카로부터 원군이 올 시간을 벌 수 있었기 때문이다. 이것이 메틸리우스의 주장이었다.

IX.

이어서 파비우스가 의견을 말하러 나왔다. 그러나 호민관의 비난에 대하여 자신을 변호하는 데 시간을 낭비하지 않았다. 다만 희생 제사와 그 밖의 신성한 의식을 최대한 서둘러 마무리해야 자신이 진영으로 돌아가, 명령을 어기고 적을 공격한 미누키우스를 벌할 수 있다고 군더더기 없이 말을 마쳤다.

그러자 시민들 사이에 커다란 동요가 일었다. 미누키우스에게 닥친 위험을 깨달은 것이다. 독재관은 재판 없이 누구든 감금하거나 사형에 처할 권리가 있었고 평소 너그럽던 파비우스가 그토록 화가 났으니만큼 민중은 파비우스의 징벌이 가혹하고 피하기 어려우리라고 생각했던 것이다. 이에 공포에 질린 민중은 침묵을 지켰고 오직 메틸리우스만 입을 열었다. 민중 호민관인 그에게는 유일하게 면책권이 있었다. 호민관의 자리는 독재관의 선출로 인해 그 힘을 잃지 않는 유일한 관직이었다. 다른 관직은 폐지되어도 호민관직은 유효했던 것이다.

그는 시민들에게 미누키우스를 버리지 말라고 격렬히 간청했다. 만리우스 토르콰투스가 아들에게 내린 운명과 동일한 운명에 처하게 두지도 말라고 했다. 만리우스 토르콰투스로 말할 것 같으면 뛰어난 용맹을 과시하고 월계관을 쓴 아들에게 참수형을 내린 바 있었다. 메틸리우스는 오히려 파비우스의 독재 권력을 빼앗아 나라를 구할 능력과 의지가 있는 사람에게 맡기자고 주장했다.

오합지졸의 군중은 이 말에 귀가 솔깃하였다. 그들은 파비우스의 지지도가 바닥을 쳤을지언정 감히 그에게 권력을 내려놓을 것을 강요하지는 않았다. 대신 미누키우스에게 동일한 지휘권을 주고 독재관과 똑같은 자격으로 군대를 지휘하게 하였다. 이것은 로마 역사상 처음 있는 일이었다.*

X.

미누키우스에게 독재관과 동일한 권력을 쥐어준 뒤 민중은, 세력이 감소한 파비우스가 완전히 풀이 죽을 것으로 예상했으나 이것은 사람을 잘못 본 것이다. 파비우스는 민중의 잘못을 자신의 불행으로 여기지 않았고 이것은 현자 디오게네스와 같은 생각이었다. 디오게네스는 누군가가 "저들이 그대를 조롱하고 있습니다"라고 말하자 "나는 조롱당하고 있지 않은걸요"라고 응수했다고 한다. 디오게네스는 조롱에 당황하고 굴하는 사람만이 조롱당할 수 있다는 입장이었다. 그렇게 파비우스 역시 자신의 처지를 침착하고 수월하게 견디어냈다. 그로써 진정으로 선한 사람은 모욕을 당하거나 수치를 느낄 수 없다는 철학적 진리를 입증하였다.

• 견유학(大儒學)파의 디오게네스. 장 레옹 제롬의 그림.

그러나 나라에 영향을 주었기 때문에 대중의 잘못된 판단이 전혀 불편하지 않을 수는 없었다. 비정상적인 군사적 야심이 있는 자에게 기회를 준 터였기 때문이다. 미누키우스가 헛된 명예와 특권에 정신을 잃어버린 나머지 커다란 사고를 벌일까 두려웠던 파비우스는 그를 제지하기 위해 은밀히 도시를 빠져나갔다.

진영에 다다른 파비우스는 미누키우스가 도저히 지켜봐 줄 수 없는 상황에 이른 것을 보았다. 미누키우스는 자만심으로 가득 차 무례하고 거친 행동을 일삼고 있었으며 파비우스와 번갈아가며 전군의 지휘권을 갖기를 원했다. 파비우스는 이를 허용할 수 없었다. 그는 번갈아가며 전군의 지휘권을 갖기보다 각자 군 일부의 총 지휘권을 갖는 게 낫다고 여겼다. 그리하여 그는 첫 번째와 네 번째 군단을 갖고 미누키우스에게는 두 번째와 세 번째 군단을 주었으며 동맹군 역시 공평하게 나눠 가졌다.

미누키우스는 거드름을 피우며, 독재관직이라는 가장 높고 강력한 관직의 위세가 자신에 의해 낮추어지고 손상된 것에 기뻐했다. 그러자 파비우스는 미누키우스의 경쟁 상대가 파비우스 자신이 아니라 한니발이라는 것을 상기시켰다. 그러나 굳이 관직을 나눠 가진 동료와 경쟁하고 싶다면, 동료 시민들에 의해 영예로운 인정을 받은 자가 시민들에 의해 수치와 불명예를 겪은 사람에 비해, 그들의 생존과 안전에 관심이 덜한 것으로 드러나지 않도록 단속하라고 일렀다.

XI.

그러나 미누키우스는 이 모든 것을 늙은이의 위선으로 치부하고 자신에게 주어진 병력을 이끌고 홀로 떨어진 곳에 진영을 쳤다. 무슨 일이 벌어지고 있는지 알지 못했던 한니발은 모든 것을 주의 깊게 지켜보았다. 한편 그들과 로마군 사이에는 점령하기 어렵지 않은 언덕이 있었다. 점령한다면 진영을 치기에도 알맞고 모든 면에서 유리할 터였다. 언덕 주변에 있는 평원은 멀리서 바라보면 완벽하게 매끄럽고 평평했으나 실은 수많은 도랑과 구덩이가 있었다. 몰래 언덕을 차지하는 것은 한니발에게는

식은 죽 먹기였으나 그렇게 하지 않았다. 두 군대 사이에 자리한 언덕이 시비 거리가 되기를 바라는 마음에서 언덕을 그대로 놔두었던 것이다.

그러나 미누키우스가 파비우스로부터 떨어져 나온 것을 본 한니발은 밤새 병사들을 도랑과 구덩이에 숨겨 두었고 새벽이 오자 애써 은폐하려고 하지 않고 몇몇을 언덕으로 보내 점령하게 하였다. 미누키우스를 꾀어내어 공격하게 만들 셈이었다.

상황은 한니발의 생각대로 전개되었다. 먼저 미누키우스는 가볍게 무장한 병사들을 내보냈고 그다음 기병대를 내보냈으며 마지막으로, 한니발이 언덕의 병사들을 도우러 오는 것을 보고, 스스로 나서 전 병력을 대열을 맞추어 이끌고 평원으로 내려갔다. 치열한 전투 속에서 그는 언덕에서 날아오는 화살을 견디어냈고 거기 있는 적들과 접전을 벌이며 승세를 탔다.

철저히 속아 넘어간 적군의 후방이 매복하고 있던 부하 병사들에게 노출된 것을 본 한니발은 신호를 올렸다. 그러자 형용할 수 없는 혼란과 공포가 로마군을 덮쳤다. 모든 용기가 산산이 부서지는 것을 느낀 미누키우스 역시 다급한 눈길을 이 장군, 저 장군에게 보냈으나 그들 가운데 어느 하나 자리를 지키고 싸우는 이가 없었으며 죄다 부하들에게 후퇴를 지시하고 있었다. 후퇴 역시 치명적이었다. 전세를 쥐고 있던 누미디아 사람들이 말을 타고 평원을 누비며 뿔뿔이 흩어진 로마인들을 무찔렀기 때문이다.

XII.

로마군이 어찌나 심각한 곤경에 처해 있었는지 파비우스도 그 위기를 외면할 수 없었다. 그러나 그는 위기를 예상한 듯했다. 부하들에게 전투

태세를 갖추도록 명령해 놓은 상태였기 때문이다. 파비우스는 전령이 상황을 보고하기를 기다리지 않고 진영 앞으로 나와 스스로 전투가 펼쳐지는 것을 지켜보았다. 그리하여 미누키우스의 군대가 포위되어 혼란에 빠진 것을 보고, 또 귓가를 때리는 로마 병사들의 절규를 듣고 그들이 더 이상 싸우지 못하고 혼비백산하여 후퇴하고 있다는 것을 깨달았다. 그는 허벅지를 때리고 깊은 신음을 내뱉으며 지켜보던 자들에게 이렇게 말했다.

"맙소사! 미누키우스가 파멸을 자초했구나! 내가 예상했던 것보다는 빠르지만 장군의 성급했던 열의를 생각하면 그리 빠르지도 않다."

그런 뒤 재빨리 깃발을 앞세우고 병사들로 하여금 뒤를 따르게 한 파비우스는 커다란 목소리로 외쳤다.

"병사들이여, 모두 마르쿠스 미누키우스를 유념하고 그를 도와야 한다. 그는 탁월한 인물이며 애국자다. 그가 적을 몰아내려는 지나친 열망에 실수를 범했다면 비난은 나중에 해도 될 일이다!"

파비우스가 모습을 드러내자마자 들판을 뛰어다니고 있던 누미디아인들이 패주하여 흩어졌다. 그런 뒤 그는 미누키우스의 후방을 공격하고 있던 적을 덮쳐 싸우는 족족 무찔렀다. 미누키우스의 군대와 마찬가지로 뒤가 막혀 포위되는 처지가 될까 두려웠던 적은 싸움을 포기하고 도망쳤다. 전세가 뒤집어진 것을 본 한니발은, 파비우스가 나이를 초월하는 기력을 자랑하며 전투병들 사이를 뚫고, 언덕 위에 있는 미누키우스를 향해 올라가는 것을 목격한 뒤 전투가 끝났음을 선언하고 후퇴를 지시했다. 한니발 자신도 카르타고 병사들을 이끌고 진영으로 되돌아갔으며 로마군 역시 기꺼이 전투가 중지되는 것을 받아들였다. 후퇴하던 한니발은 동료들에게 파비우스에 관해 다음과 같은 농담을 한 것으로 전해진다.

"산꼭대기에 머물고 있던 구름이 언젠가 우리에게 폭우를 쏟아붓고 돌풍을 몰아칠 것이라고 내가 종종 예언하지 않았던가?"

XIII.

이어서 적병의 시신을 약탈하고 진영으로 되돌아온 파비우스는 동료에 대해 단 한마디 거만하거나 악의 있는 말을 하지 않았다. 한편 미누키우스는 휘하의 병사들을 모아놓고 말했다.

"전우여, 큰일을 하는데 아무런 실수 없이 한다는 것은 인간 능력 밖의 일이다. 그러나 실수를 한 뒤 실패를 미래를 위한 교훈으로 삼는 일은 용감하고 분별 있는 사람의 태도이다. 따라서 고백하건대, 나는 운명의 여신에게 불평할 이유가 없지는 않아도 고마워해야 할 이유가 더 많다. 내가 지난 모든 시간 동안 배울 수 없었던 것을 단 하루라는 짧은 시간에 가르쳐 주었으며, 내가 남들에게 명령을 내릴 처지가 아니며 나 자신이 남의 지휘를 받아야 한다는 것을 깨닫게 해주었기 때문이다. 나는 내가 그동안 이기려고 애썼던 사람에게 실은 패배하는 것이 유익했던 것이다. 앞으로 모든 문제에 관하여 독재관의 지시를 따르도록 한다. 그러나 장군께 감사의 말을 하는 데에는 내가 앞장서도록 하겠으며 누구보다 먼저 그의 조언과 명령을 따르겠다."

이 말과 함께 그는 독수리 표장을 올리고 모두에게 그것을 따르라고 하여 파비우스의 진영으로 갔다. 진영에 다다른 그는 모두가 놀라워하는 가운데 파비우스의 막사로 향했다. 파비우스가 나오자 미누키우스는 그의 앞에 표장을 꽂게 하고 큰 소리로 그를 아버지라고 칭하였으며 그의 부하들은 파비우스의 병사들을 보호자라고 부르며 인사했는데 이는 해방 노예들이 자신을 자유롭게 해준 사람을 칭하는 말이었다. 주위가 잠잠해지자 미누키우스가 말했다.

"독재관이시여, 장군께서는 오늘 두 번 승리하셨습니다. 한 번은 장군다운 용기로써 한니발을 이기셨고, 한 번은 지혜와 온정으로써 동료를 이기셨습니다. 첫 번째 승리로는 저희의 목숨을 살리셨고, 두 번째 승리로는 큰 교훈을 주셨습니다. 저희는 적에 압도되어 모욕을 당했으나 장군님께 압도되어 명예와 안전을 되찾았습니다. 이제 장군님을 아버지라는 최고의 호칭으로 부르겠습니다. 이보다 더 큰 존경을 담은 호칭을 저는 모릅니다. 장군께서 베풀어 주신 너그러움은 아버지의 너그러움에 비할 데가 없습니다. 제 아버지는 저를 낳아 주셨을 뿐이지만 장군께서는 저를 살려 주셨을 뿐만 아니라 이 많은 제 부하들을 살려 주셨습니다."

이렇게 말하면서 미누키우스는 파비우스를 껴안고 입을 맞추었고 양측의 병사들도 마찬가지로 서로 껴안고 입을 맞추었으니 온 진영이 기쁨의 눈물과 환희로 가득 찼다.

XIV.

이 일이 있고 파비우스는 독재관직을 내려놓았고 다시 집정관들이 임명되었다. 초기 집정관들은 파비우스가 정해 놓은 전쟁 방식을 유지했다. 한니발과의 정면 승부를 피하는 대신 동맹국들을 원조하고 그들이 적의 편에 붙는 것을 막은 것이다. 그러나 태생이 불분명하며, 민중에게 아첨하기 좋아하고 경솔한 것으로 유명한 테렌티우스 바르로가 집정관 자리에 올랐고, 그는 무지하고 무모한 단 한 번의 모험으로 무턱대고 사태를 해결하려 할 것이 명백해 보였다. 그가 민회에서 종종 이렇게 외쳤기 때문이다.

"로마가 파비우스 같은 자를 장군으로 임명하는 한 전쟁은 계속될 것이지만 나라면 적을 만나자마자 물리쳐 버릴 것입니다!"

그는 연설을 하는 데서 그친 것이 아니라 엄청난 숫자의 병력을 모아 병적에 등재했는데 이는 로마가 그 어느 적을 상대로도 징집한 적이 없는 숫자였다. 총 8만 8천 병사가 전투에 투입될 준비가 되어 있었고 파비우스를 비롯하여 분별력 있는 모든 로마 사람들은 이에 크나큰 공포감을 감출 수 없었다. 만약 한창때의 청년들을 그토록 많이 잃게 된다면 로마는 회복하지 못할 터였다.

한편 테렌티우스와 함께 집정관직을 지내고 있던 파울루스 아이밀리우스는 전쟁 경험이 많았지만 민중의 지지를 받지 못하고 있었고 민중이 지운 벌금으로 인해 사기가 꺾여 있었다. 따라서 파비우스는 그를 깨우고 격려하여 동료의 광기를 제지하도록 만들고자 애썼다. 나라를 구하기 위해서는 한니발을 막아야 할 뿐 아니라 테렌티우스를 말려야 한다는 것을 강조한 것이다. 파비우스의 말에 따르면 테렌티우스는 자신의 강점이 어디에 있는지 모르기 때문에 싸우고 싶어 안달이었고, 한니발은 자신의 약점을 알기 때문에 싸우고자 했다.

"파울루스여, 한니발의 일에 대해서는 내 말을 믿어야 합니다. 올해 아무도 그를 상대해 주지 않는다면 그는 이탈리아 땅에서 목숨을 잃거나 쫓겨날 것이라고 진지하게 보장합니다. 그가 여러 전투에서 승리를 하고 이탈리아를 지배하고 있다고 여겨지고 있는 지금도, 그의 적이었다가 그의 편으로 넘어간 사람들은 없으며 그가 고향에서 데리고 온 병력은 3분의 1도 채 남아 있지 않습니다."

이에 파울루스가 답했다.

"파비우스 장군, 제가 만약 제 이익만 고려한다면 저는 또다시 동료 시민들의 투표에 부쳐지느니 적의 창과 맞서겠습니다. 그러나 상황이 장군께서 말씀하신 대로라면 장군께서 바라는 좋은 지도자가 되어 보도록 애쓰겠습니다. 장군을 열렬히 반대하는 저 사람들이 바라는 지도자가 되지 않겠습니다."

파울루스는 이러한 결심과 함께 전장으로 나갔다.

XV.

그러나 테렌티우스는 하루씩 번갈아가며 지휘권을 가질 권리를 고집하며 아우피두스 강과 칸나이라는 마을 근처에서 한니발의 맞은편에 진영을 쳤다. 그리고 새벽에 전투 신호를 내렸다. 장군의 막사 위로 선홍색 윗옷을 올린 것이다. 이것을 본 카르타고 사람들은 당황하였다. 로마의 장군은 실로 대담해 보였고 병력도 카르타고 병력의 두 배가 넘었기 때문이다.

그러나 한니발은 전투태세를 갖추라고 명한 뒤 자신은 동료 몇몇과 경사가 완만한 언덕 위로 말을 타고 올라가 거기서 적이 전투 대형을 갖추는 것을 지켜보았다. 동료 가운데 한니발과 계급이 같은 기스코라는 자가 있었는데 적의 숫자가 놀랍다는 기스코의 말에 한니발이 심각한 표정을 지으며 말했다.

"기스코, 더 놀라운 사실을 눈치 채지 못하고 있군."

기스코가 그것이 무엇이냐고 묻자 한니발은 이렇게 대답했다.

"저 많은 사람들 가운데 기스코라는 이름을 가진 자가 단 한 명도 없다는 사실일세."

이 뜻밖의 농담에 언덕 위에 있던 사람들 모두가 폭소를 터뜨렸고 그들은 산등성이를 내려오면서 만나는 모든 사람에게 이 우스갯소리를 퍼뜨렸다. 그러자 수많은 사람들이 유쾌한 웃음을 터뜨렸으며 한니발의 호위대는 심지어 정신을 못 차릴 정도였다. 이 광경은 카르타고 사람들의 마음에 용기를 심어 주었다. 위험이 닥친 마당에 그처럼 웃으며 농담을 한다는 것은 장군이 적을 매우 가소롭게 여기고 있다는 증거라고 해석한 것이다.

XVI.

전투가 벌어지자 한니발은 이중 전략을 썼다. 먼저 지형의 장점을 이용하여 바람을 등졌다. 바람은 마치 격렬한 돌풍처럼 불어닥쳐, 풀이 없고 모래가 많은 들판 위로 거대한 먼지 구름을 일으켰다. 이 먼지 구름은 카르타고 전선을 지나 로마를 정면으로 가격했고 군대는 이를 피하기 위해 뒤로 돌면서 혼란에 빠졌다. 다음 전략은 병사들을 배치한 방법에 있었다. 가장 든든하고 싸움에 능한 이들을 중앙의 양측에 놓고 중앙에는 가장 약한 병사들을 배치했는데 중앙부를 다른 병사들보다 훨씬 더 앞세워 쐐기처럼 이용하려는 의도였다.

선택된 병사들에게는 다음과 같은 명령이 주어졌다. 로마군이 중앙의 병사들을 흩어놓고 후퇴하는 병사들을 맹렬히 추격하면 바로 그때 양쪽에서 날카롭게 꺾어 들어 측면을 공격하고 후방을 에워싸는 방식으로 적을 포위하라고 한 것이다. 바로 이 전략 덕분에 수많은 전사자들이 발생한 것으로 보인다. 중앙은 쉽게 무너졌고 로마군은 이들을 추격했으며 그로써 한니발의 전투 대형은 초승달 모양으로 바뀌어 갔다. 양측 날개에 위치한, 선택된 병사들은 지휘관의 명령에 따라 빠르게 좌우로 움직였고 적의 노출된 측면을 공격했다. 포위당하기 이전에 이탈한 병사들을 제외하고 측면의 모든 로마 병사들은 이에 압도당해 섬멸되었다.

• 칸나이 전투가 묘사된 앙리 2세의 방패.
•• 앙리 2세의 방패 세부.

　나아가 로마의 기병대에 기이한 재앙이 닥쳤다고도 한다. 전해지는 바에 따르면 파울루스의 말이 부상을 당해 파울루스를 떨어뜨렸는데, 그러자 호위병들도 다 같이 말에서 내려 집정관을 보호했다. 이를 본 기병들은 기병대 전체에게 말에서 내리라는 명령이 내려진 줄로 착각하고 전부 말에서 내린 채 적과 싸웠다. 이를 본 한니발이 말했다.
　"족쇄가 채워진 적병들을 넘겨받는 것보다 더 원했던 일이다."
　아무튼 자세한 내용은 전쟁의 세부 역사에 기록되어 있을 터이다.
　집정관들로 말할 것 같으면 바르로는 부하 몇 명과 함께 베누시아로 말을 몰았으나 파울루스는 공포에 사로잡혀 도망치는 병사들의 깊은 파도에 휩쓸렸으며 몸에는 화살이 꽂혔다. 크나큰 불행에 몸과 마음이 모두 천근만근이 된 그는 바위에 기대어 주저앉았고 적이 자신을 서둘러 처치해 주기를 기다렸다. 머리와 얼굴은 피로 범벅이 되어 그를 알아보는 사람도 별로 없었다. 심지어 동료들과 하인들까지 그를 알아보지 못하고 지나쳤다. 귀족 계급의 코르넬리우스 렌툴루스만이 그를 알아보고 말에서 뛰어내렸고 말을 끌고 그에게로 갔다. 그리고 말을 건네며, 그 어느 때보다 용감한 지휘관을 필요로 하는 동료 시민들을 위해서라도 목숨을 부지하라고 간청했다. 그러나 파울루스는 그의 청을 거절하고 눈물범벅이 된 젊은이를 억지로 말에 태웠다. 그리고 일어나 그의 손을 잡으며 말했다.

"렌툴루스, 파비우스 막시무스에게 전하게. 직접 지켜본 그대가 증인이 되어주게. 파울루스 아이밀리우스가 끝까지 그의 가르침에 충실했으며 그와의 약속을 단 하나도 깨지 않았으나 먼저 바르로에게 패배하고 그다음 한니발에게 패배했다고."

이와 같은 부탁과 함께 렌툴루스를 떠나보낸 파울루스는 다시 살육전 속으로 뛰어들어 생을 마감했다. 이 전투에서 로마 병사 5만이 죽었으며 4천이 포로로 잡혔고 전투가 끝난 뒤 양 집정관의 진영에서 적어도 천 명이 붙잡혔다고 전해진다.

• 「칸나이 전투에서 파울루스 아이밀리우스의 죽음」, 존 트럼벌.

XVII.

 이처럼 완승을 거두자 한니발의 친구들은 그를 부추겨, 행운이 찾아온 김에 도망치는 적을 바짝 추격해 로마를 덮치라고 했다. 그렇게 한다면 닷새 만에 카피톨리움에서 저녁 식사를 할 수 있으리라고 확신했다. 한니발이 어떤 생각으로 이 길을 택하지 않았는지 그 이유를 말하기는 쉽지 않다. 굳이 말하자면 그에게 붙어 다니는 어느 악령이나 신이 개입하여 그에게 망설임과 소심한 태도를 불어넣은 것처럼 보였다. 그러자 카르타고 사람 바르카가 화를 내며 말했다고 한다.
 "승리는 할 줄 알면서 승리를 이용할 줄은 모르는군."
 그럼에도 이 승리는 한니발의 처지에 큰 변화를 가져왔다. 전투가 있기 전 한니발은 이탈리아에 단 하나의 도시나 무역 중심, 항구를 갖고 있지 않았고 수렵과 채집을 통하여 가까스로 병사들에게 식량을 제공해오고 있었다. 그는 전쟁 물자를 확보하기 위한 안정적인 기반을 마련하기보다 마치 거대한 도적 떼 같은 군을 이끌고 여기저기 방황하고 있었던 것이다. 그러나 전투가 끝난 뒤 그는 거의 모든 이탈리아 지방을 지배하게 되었다. 이탈리아 민족의 대부분, 숫자가 많은 민족들까지 스스로 그에게 넘어갔고 로마 다음으로 큰 카푸아 또한 굳건히 그의 편에 섰다.
 에우리피데스는 친구를 시험하는 것은 커다란 잘못이라고 했는데 분별력 있는 장군을 시험하는 것은 더욱 그렇다. 전투가 있기 전 파비우스가 비겁하고 나태하다고 생각했던 사람들은 전투가 있자마자, 파비우스의 태도가 단순히 한 인간의 계산에서 나온 것이 아니라 신으로부터 부여받은 기적적인 지력 덕분이라고 생각했다. 미래를 들여다보고 경험한 자들조차 믿을 수 없는 재앙을 그가 예언했기 때문이었다. 따라서 로마는 당장 그에게 마지막 희망을 걸었다. 로마라는 도시가 갈리아 사람들이 침략해 왔었던 암울한 시기에 그랬던 것처럼 산산이 깨지지 않고 여전히 남아 있는 것은 무엇보다도 파비우스의 분별력 때문이라고 여기며, 신전과 제단을 피난처로 삼듯 그의 지혜 안으로 숨은 것이다.

위험이 겉으로 드러나지 않았을 때는 조심스럽고 우유부단한 것처럼 보였던 파비우스는 모든 것이 무한한 슬픔과 대책 없는 혼란에 빠진 뒤 차분한 걸음, 평온한 안색으로 도시 안을 누비는 유일한 사람이었다. 그는 또 너그러운 말투로 나약한 슬픔의 몸짓들을 다잡고, 공동의 불만을 드러내기 위해 결집하려는 자들을 막았다. 그는 또 원로원 의원들을 설득해 회의를 소집하도록 하고 관리들을 격려했다. 온 지방이 그의 지도를 바랐으므로 그들의 힘과 활력이 되어 주었다.

XVIII.

이어서 그는 겁먹은 군중이 도시를 버리고 떠나는 것을 막기 위해 성문에 보초를 세우고 죽은 자를 추모하는 데 시간과 공간의 제약을 두었다. 애도하고자 하는 사람은 집 안에서 오직 30일 동안 할 수 있었다. 30일 뒤에는 모든 추모를 멈추고 모든 추모 의식으로부터 도시를 정화하도록 했다.

마침 이 기간은 원래 케레스 여신의 축제가 벌어지는 시기였는데 축제를 열더라도 참여자가 적고 그들마저 슬픔에 빠져 있을 것이 분명했다. 그러니 축제를 열어 오히려 로마를 덮친 불행을 강조하느니 차라리 희생 제사와 행진을 취소하는 것이 나을 것 같았다. 신들은 행복한 자들이 표하는 경의에 기뻐하기 때문이다. 그러나 신들을 달래거나 상서롭지 못한 징조를 뒤집기 위한 목적으로 예언자들이 추진하고 있던 모든 의식은 예정대로 치러졌다. 그밖에도 파비우스의 집안사람 픽토르는 신탁을 받으러 델포이로 갔으며, 베스타의 여사제 둘이 더럽혀진 것으로 알려지자 한 사람은 관습에 따라 산 채로 묻혔으며 다른 하나는 스스로 목숨을 끊었다.*

그러나 가장 칭찬받아 마땅한 것은 도망쳤던 집정관 바르로가 돌아왔을 때 로마 사람들이 보여준 너그럽고 품격 있는 마음이었다. 극도로 불행하고 불명예스러운 경험을 겪은 사람답게 수치와 실의에 빠져 돌아온 바르로를, 원로원 의원들을 포함한 온 나라 사람들이 성문으로 나와 환영해 준 것이다. 파비우스를 비롯하여 여러 관리들과 원로원의 주요 인사들은 주위가 조용해지자마자 그를 칭송하였다. 그토록 큰 불행을 겪고도 좌절하지 않았고 나라의 고삐를 잡기 위해, 그리고 법과 동료 시민들을 동원해 그들의 역량으로 나라를 구원하기 위해 돌아왔기 때문이었다.

XIX.

시민들은 한니발이 전투가 끝난 뒤 이탈리아의 다른 지방으로 관심을 돌렸다는 것을 알고는 용기를 되찾아 지휘관들에게 병력을 붙여 내보냈다. 지휘관들 가운데 가장 명성이 높았던 이들은 파비우스 막시무스와 클라우디우스 마르켈루스로, 둘은 정반대의 성격으로 동일한 존경을 받았다. 후자는 「마르켈루스」편에 적었듯 화려하고 충동적인 행동을 일삼는 사람이었다. 언제든 준비된 활기로 무장하고 있었으며, 호메로스가 말했듯 천성이 '싸움을 좋아하고 사건이 터지기를 고대하는' 성격이었다. 따라서 한니발의 호기를, 그에 못지않은 호기로 맞서는 대담하고 무모한 전투방식으로 초반의 싸움을 이끌어 나갔다.

• 「누마」편 X.

반면 파비우스는 널리 알려진 초기의 신념을 지키며 한니발을 지켜보았다. 한니발과 싸우거나 그를 괴롭히려는 사람이 없다면, 한니발은 스스로에게 최악의 적이 되어 전쟁에 지치고, 몸을 혹사하여 체력을 소진한 운동선수처럼 고도의 효율성을 빠르게 손실할 터였다. 포세이도니오스의 말에 따르면 로마 사람들이 파비우스를 방패, 마르켈루스를 칼이라고 부른 것은 바로 이런 이유에서였다. 한 사람의 꿋꿋하고 안정적인 자세가 다른 한 사람의 융통성과 섞여 로마를 구원했다는 것이다.

빠르게 흐르는 강물처럼 움직이는 마르켈루스를 상대하며 한니발은 병력이 뒤흔들리고 마침내 떠내려가는 것을 지켜보았고 느릿느릿하고 소리는 없으나 은밀한 적의가 끊이지 않는 파비우스의 움직임은, 모르는 사이 한니발의 병사들을 지치게 하고 좀먹었다. 한니발은 결국 마르켈루스와 싸우느라 지치고 그와 싸우지 않을 때에는 파비우스를 두려워하는 지경에 이르렀다.

한니발은 거의 모든 싸움을 이 둘을 상대로 했다. 두 사람은 행정관과 집정관 대행, 집정관직을 지냈으며 집정관직에 오른 것이 각각 다섯 차례였다. 그러나 마르켈루스가 다섯 번째로 집정관직에 있을 때 한니발이 그를 유인하여, 매복 공격으로 그를 무찔렀다. 그러나 파비우스를 상대로는 같은 성공을 거두지 못했다. 그럼에도 한니발은 파비우스를 압박하기 위해 온갖 술수를 쓰곤 했다.

파비우스가 한니발에게 속아 넘어간 적이 있다는 것은 사실이다. 이 일로 파비우스는 처참히 무너질 뻔하였다. 한니발이 메타폰툼의 우두머리를 사칭하여 파비우스에게 도시를 넘겨주겠다고 편지를 보낸 것이다. 편지에는 그에게 도시를 넘겨주려고 작정한 사람들이 그가 근방에 모습을 드러내기만을 기다리고 있다고 적혀 있었다. 잇따른 편지는 파비우스로 하여금 행동을 취하게 만들었고 그는 병력의 일부를 차출해 밤중에 출발할 것을 제안하였다. 그러던 그는 불길한 징조를 겪고 마음을 접었으며 얼마 가지 않아 그가 받은 편지가 한니발에 의해 교묘하게 위조된 것임을 알게 되었다. 한니발이 도시 근처에 병사들을 매복시켜 놓고 있었다는 것도 알게 되었다. 아무튼 파비우스가 불행을 면한 것은 신들의 호의 덕분일 가능성이 크다.

XX.

파비우스는 도시들의 반란이나 동맹국의 동요를 부드럽고 온화한 방법으로 제지하고 막아야 한다고 생각했다. 수상하다고 해서 일일이 시험해 보거나 의심을 받고 있는 자들을 매번 가혹하게 대해서는 안 된다고 여겼다.

한번은 어느 마르시 병사에 관한 소문이 귀에 들어왔다. 용기가 가상하고 태생이 고귀하여 동맹군 사이에 이름이 난 이 병사가 같은 진영의 병사들과 함께 적에게 투항하는 것을 논의했다는 소문이었다. 이 이야기를 들은 파비우스는 격노하기는커녕 그가 부당하게 등한시되었다는 것을 인정했다. 파비우스는 그것이, 공에 따라서가 아니라 사사로운 감정에 따라 상벌을 준 지휘관들의 잘못이기는 하나 이후 부족한 것이 있을 때 자신을 찾아와 말하지 않는다면 그것은 그 병사의 잘못으로 삼을 것이라고 했다. 말을 마친 파비우스는 병사에게 군마 한 필을 비롯하여 용맹을 치하하는, 눈에 띄는 포상을 내렸다. 그 이후 복무 중인 병사들 가운데 그처럼 충직하고 열정적인 병사가 없었다.

파비우스는 하물며 말과 개를 조련하는 사람들도 짐승의 고집과 사나움, 불만을 없애기 위하여 막대기와 굵은 목줄보다는 따뜻한 보살핌과 친밀함, 먹이에 의존하는데 사람을 지휘하는 자들이 호의와 친절을 훈련의 바탕으로 삼지 않는 것을 안타까워했다. 실로 그들은, 야생 무화과나무나 야생 배나무, 야생 올리브나무를 가져다가 올리브와 배, 무화과가 풍성히 맺힐 때까지 다듬고 길들이려는 농부들보다 더 심하고 난폭하게 부하들을 대하곤 했던 것이다.

파비우스의 품성은 다음 사건에서도 드러난다. 상관들이 어느 루카니아 병사에 대해 불평하기를, 그가 지나치게 자주 자리를 이탈하고 진영 밖을 돌아다닌다고 하자 파비우스는 그들에게 그 병사가 다른 면에서 어떠한 병사냐고 물었다. 상관들은 보기 드문 병사라고 입을 모았으며 그가 눈에 띄는 대담함을 보여 주었던 온갖 상황에 대해 이야기했다. 파비우스는 한 병사가 그와 같이 상반된 자세를 보인 이유를 조사했다. 그래서 그가 어느 처녀와 깊은 사랑에 빠졌으며 그 여인이 보고 싶을 때마다 목숨을 걸고 진영을 벗어나 먼 길을 떠난다는 것을 알게 되었다. 이에 따라 파비우스는 병사에게 알리지 않고 사람을 보내 그 여인을 붙잡아 왔고 자신의 막사에 숨겨 두었다. 그런 다음 그 루카니아 병사를 불러 단둘이 있는 자리에서 말하였다.

"자네가 종종 로마의 관습과 법을 어기고 진영을 이탈하여 밤새 돌아오지 않는다는 것은 잘 알려진 사실이네. 그러나 자네가 과거에 여러 공을 세웠다는 것 역시 잘 알려져 있네. 따라서 자네의 잘못은 자네의 용기 있는 행위들을 보아 용서해 줄 것이나 미래를 위해서 또 다른 사람을 시켜 자네를 감시하게 하려고 하네."

그런 다음 파비우스는 놀라움을 금치 못하는 병사 앞으로 여인을 데리고 나와 병사의 손에 쥐어주며 말했다.

"이 여인은 자신의 신변을 걸고 자네가 앞으로 우리 진영 안에 남겠다고 약속했네. 그러니 자네가 그동안 이 처녀와 이 처녀에 대한 사랑을 그럴싸한 구실로 삼고, 실은 다른 비열한 목적으로 진영을 떠난 것이라면 이제 명백하게 밝혀질 것이네."

XXI.

　로마가 배신으로 빼앗긴 타렌툼을 파비우스가 되찾은 사연은 다음과 같다. 파비우스의 부하들 가운데에는 타렌툼 출신의 젊은 병사가 있었다. 이 병사의 누이는 오라비에게 매우 충실하고 애정이 많았다. 그런데 한니발이 파견한 타렌툼 수비대의 브룻티이 족 지휘관이 바로 이 누이를 깊이 사랑하고 있었다. 오라비는 이 상황을 유리하게 이용할 수 있으리라고 생각했다. 타렌툼에 있던 누이에게로 간 이 로마 병사는 겉으로는 로마군을 탈영한 것처럼 행동했지만, 실상은 그의 계략을 들은 파비우스가 그를 도시 안으로 들여보낸 것이었다. 그렇게 며칠이 지났으나 브룻티이 족 지휘관은 줄곧 자기 집을 지키고 있었다. 누이는 오라비가, 자신의 연인에 대해 알지 못한다고 생각한 것이다. 그러던 어느 날 오라비가 누이를 불러 다음과 같이 말했다.

　"네가 지위가 아주 높은 사람과 만나고 있다는 소문이 로마 진영에 퍼져 있었다. 그 사람이 누구냐? 만약 그가 소문대로 평판이 좋은 사람이고 대담무쌍하기로 유명한 사람이라면, 모든 것을 휘저어 놓는 전쟁이라는 것은 민족을 따지지 않는다는 것을 기억해라. 강요를 당해 마지못해 저지른 행위는 비난의 대상이 아니며 정의가 패하고 있을 때 권력이 우리를 상냥하게 다룬다면 그것이 오히려 보기 드문 행운이다."

　이 말에 여인은 사람을 보내 브룻티이 족 지휘관을 불렀고 오라비에게 소개시켜 주었다. 오라비는 금세 이 이방인 지휘관의 믿음을 얻었다. 지휘관의 열정을 격려했으며 누이가 지휘관에게 전보다 더 상냥하고 고분고분하도록 꾸밈없이 도왔기 때문이다. 따라서 용병이었던 데다가 사랑에 빠진 지휘관은 어렵지 않게 로마의 편에 섰다. 파비우스가 선물을 듬뿍 주기로 약속한 것도 일조하였다.

이것이 흔히 전해져 내려오는 이야기이다. 그러나 일부 작가들은 브룻티이 족 지휘관의 마음을 산 여인이 타렌툼 사람이 아니라 브룻티이 족이었던 파비우스의 첩이라고 한다. 브룻티이 족 주둔군의 지휘관이 동포이자 지인이라는 것을 안 여인이 파비우스에게 이를 말하고 성벽 아래에서 남자와 만난 뒤 그의 마음을 완전히 돌렸다는 것이다.

XXII.

이와 같은 음모가 진행되고 있는 동안 파비우스는 한니발을 근방에서 유인해낼 전략을 꾸몄다. 레기움에 파견되어 있던 군대로 하여금 브룻티움을 치고 카울로니아를 습격하여 빼앗도록 한 것이다. 이 부대는 병력이 8천이었으며 대부분이 적의 편에서 넘어온 병사들이었고 나머지는 시켈리아에서 싸우다가 마르켈루스에 의해 불명예스러운 귀환을 명령받은 떨거지들이었다. 이들이 패배한다고 해도 로마에는 많은 고통이나 피해를 입히지 않을 터였다. 파비우스는 이들 병력을 마치 미끼처럼 한니발 앞에 던져 그를 타렌툼에서 유인해 내려고 했다.

일은 파비우스의 예상대로 전개되었다. 한니발이 즉각 군대를 이끌고

따라 나섰기 때문이다. 한편 파비우스가 타렌툼을 포위 공격한 지 닷새째 되던 날이었다. 누이와 함께, 성안에 있던 브룻티이 족 지휘관을 설득한 젊은 병사가 밤을 틈타 파비우스에게 왔다. 그는 타렌툼을 로마에 넘기려고 작정한 브룻티이 족 지휘관이 성벽을 지키고 있는 지점을 눈으로 확인했으며 그곳이 정확히 어디인지 안다고 했다. 그러나 파비우스는 한 사람의 배신에 작전의 운명을 모두 걸지는 않았다. 파비우스가 조용히 분대를 이끌고 약속된 지점으로 가는 동안 나머지 병력은 땅과 바다에서 동시에 커다란 고함을 치고 소란을 피우며 성벽을 공격했다. 그러자 대부분의 타렌툼 사람들이 성벽을 방어하고 있던 병사들을 도우러 갔고 바로 그때 브룻티이 족 지휘자가 파비우스에게 신호를 보냈다. 파비우스는 성벽을 타고 올라가 도시를 손에 넣을 수 있었다.

그러나 바로 이 시점에 파비우스는 자신의 야심에 굴복한 듯하다. 부하들에게 누구보다 먼저 브룻티이 족 사람들을 치라고 명한 것인데 그들의 배신으로 인해 도시를 손에 넣은 것이 알려지지 못하게 하기 위함이었다. 그런데 그는 이 사실을 숨기지 못했을 뿐만 아니라, 솔직하지 못한 데다 잔인하기까지 하다는 비난을 받게 되었다. 이 공격으로 인해 여러 타렌툼 사람들도 죽음을 맞았으며 3만 명이 노예로 팔렸고 로마 군대는 타렌툼을 약탈하여 국고에 3천 탈란톤을 더했다. 손에 잡히는 모든 것을 전리품으로 취하고 있던 가운데 파비우스의 재무를 담당하는 수행원이 '신들'은 어떻게 할 것이냐고 물었다. 신을 그린 그림과 신상을 이렇게 부르는 것이다. 그러자 파비우스가 대답했다.

• 타렌툼이 한니발의 손에 있었을 당시 제작된 동전.

"분노한 신들은 타렌툼에 남겨두자."

그러나 헤라클레스의 거대한 조각상만은 타렌툼으로부터 빼앗아 카피톨리움에 세웠으며, 그 곁에 말을 탄 자신의 동상을 세웠다고 한다. 이와 같은 사안에 대해 파비우스는 마르켈루스보다 훨씬 더 별난 모습을 보였다. 심지어 마르켈루스의 너그럽고 인간적인 행동은 파비우스와 비교가 되어 보다 더 존경스러워 보였는데 이에 대한 이야기는 「마르켈루스」 편에서 다루고 있다.

XXIII.

타렌툼이 무너졌을 때 한니발은 5밀레* 안에 근접해 있었다고 한다. 소식을 들은 그는 공개적으로는 단지 이렇게 말했다.

"로마인들 사이에 또 다른 한니발이 있는 모양이네. 타렌툼을 얻은 방식 그대로 빼앗겼으니."

그러나 사적인 자리에서 친구들에게 처음으로 고백하기를, 가진 병력으로 이탈리아를 손에 넣는 일이 쉬울 거라 생각한 것은 아니었지만 이제 그것이 불가능하다는 사실을 깨달았다고 말했다. 타렌툼에서의 승리로 파비우스는 첫 번째보다 훨씬 더 화려한 두 번째 개선 행진을 했다. 그가 마치 영리한 선수처럼 한니발과 싸우고 있었기 때문이며 한니발의 팔 힘과 손아귀 힘이 예전 같지 않아 그의 공격을 수월하게 차단할 수 있었기 때문이다. 한니발의 군대는 부와 사치로 인하여 부분적으로 약화되어 있었고 한편으로는 끊임없는 전투로 인해, 말하자면 무뎌지고 지쳐 있었다.

한편 한니발이 타렌툼 사람들의 반란을 이끌어냈을 당시 로마 주둔

• 로마에서 거리를 측정하는 단위로 천 걸음가량.

군을 지휘하던 마르쿠스 리비우스라는 자가 있었다. 그는 성벽에 자리한 요새를 지키며 한 발자국도 움직이지 않았고 로마군이 다시 타렌툼 사람들을 진압할 때까지 그곳에 남아 있었다. 그는 파비우스에게만 모든 공이 돌아가는 것을 못마땅하게 여겼다. 한번은 시기심과 야망에 사로잡혀 원로원에 말하기를 파비우스가 아니라 자신에게 타렌툼을 사로잡은 공훈이 돌아가야 한다고 말했다. 그러자 파비우스가 웃으며 대답했다.

"맞네. 자네가 도시를 빼앗기지 않았다면 내가 되찾지 못했을 테니까."

XXIV.

로마 사람들이 파비우스에게 베푼 여러 호의 가운데는 아들 파비우스를 집정관으로 만든 일이 있었다. 아들 파비우스가 집정관직을 수여받고 전쟁에 관련된 일을 돌보고 있을 때 아버지 파비우스는 늙고 병약했던 탓인지, 아니면 아들을 시험해 보고 싶었기 때문인지 말에 올라탄 채로, 지켜보는 사람들을 지나 아들에게 향했다. 젊은 아들은 멀리서 다가오는 아버지의 모습을 보고 가만히 있지 않았다. 대신 수행원을 보내, 집정관에게 볼 일이 있다면 말에서 내려 걸어오라는 명령을 전하도록 했다. 다른 모든 사람들은 그 명령을 괘씸하게 여겼고 그와 같은 대접은 아버지 파비우스의 높은 지위에 어울리지 않다는 것을 말없이 눈빛으로 표현하였으나 파비우스 자신은 재빨리 말에서 내려 아들에게 뛰어가다시피 하더니 따뜻하게 껴안았다.

"아들아, 네 생각과 네 행동이 맞았다. 너는 민중이 너를 어떠한 관직에 앉혔으며 그 관직이 얼마나 귀한지도 잘 알고 있구나. 네 선조들과 네 부모는 바로 이런 정신으로 로마를 위대하게 만들었다. 부모와 자식보다 나라의 이익을 앞에 두는 정신 말이다."

실제로 파비우스의 증조부는 로마에서 드높은 명성과 영향력을 자랑하고 있었으며 집정관직에 오른 것이 다섯 번이었고 전쟁에서의 여러 통쾌한 승리로 누구보다 눈부시게 개선 행진을 했던 사람이었지만 아들이 집정관일 때는 아들의 부관으로서 출정했다. 훗날 이어진 개선 행진에서 아들이 말 네 마리가 끄는 전차를 타고 도시에 들어설 때 아버지는 말을 타고 나머지 수행원들과 뒤를 따랐다. 가장이었음에도, 그리고 실제로나 명성으로나 위대한 시민 가운데 한 사람이었음에도 법과 법의 관리 밑에 스스로를 놓았다는 사실을 오히려 자랑스럽게 여긴 것이다. 그에게는 이 밖에도 여러 존경할 만한 점이 있었다.

한편 파비우스의 아들은 죽음을 맞게 되었고 파비우스는 이 슬픔을 현명한 사람, 좋은 아버지답게 침착하게 견디어냈다. 업적이 빛났던 사람의 장례식이 있을 때에는 집안사람이 나와 추모 연설을 하는 관습이 있었는데 파비우스는 포룸에 있는 자신의 자리에서 직접 이 연설을 했으며 연설을 글로 출판하기도 했다.

XXV.

한편 이베리아스페인로 파견된 코르넬리우스 스키피오는 여러 전투에서 카르타고 사람들을 무찌르고 영토에서 쫓아냈을 뿐만 아니라, 여러 나라를 로마의 편으로 끌어들이며 거대 도시들을 빼앗고 눈부신 전리품을 획득했다. 그런 뒤 로마로 돌아온 스키피오는 비교할 수 없는 인기와 명성을 누렸으며 집정관이 될 수 있었다.

시민들이 자신으로부터 위대한 업적을 요구하고 또 기대한다는 것을 느낀 스키피오는 이탈리아 땅에서 한니발과 드잡이하듯 싸운다는 것은 매우 낡고 시대에 뒤떨어진 정책이라고 생각했다. 그는, 당장 카르타고의 영토를 비롯한 리뷔에아프리카 지방을 로마의 무기와 병력으로 가득 채워 짓밟고 이탈리아 땅에서 벌어지고 있던 전쟁을 그곳으로 옮기자고 제안했다. 그리고 온 마음을 다해 시민들에게 이 정책을 설파했다.

• 스키피오. 티에폴로가 카사티 두냐니(Palazzo Casati Dugnani) 궁전에 그린 벽화의 세부.

그러나 바로 이때 파비우스가 나서 도시를 온갖 두려움으로 가득 채우려고 애썼다. 그는 로마가 어리석은 젊은이의 인도에 따라 멀고도 치명적인 위험을 향하여 지나치게 서둘러 가고 있다고 했다. 파비우스는, 시민들이 이 길로 가는 것을 막기 위해 그 어떤 말이나 행동도 아끼지 않았다. 그리하여 파비우스는 원로원을 설득하는 데는 성공했으나 민중은 그가 스키피오의 공적을 시기하여 그를 공격한다고 생각했으며 스키피오가 위대하고 영예로운 업적을 펼쳐 전쟁을 끝내거나 이탈리아 밖으로 몰아낼까봐 두려워하고 있다고 여겼다. 그렇게 되면 파비우스가 그토록 오랜 시간 동안 전쟁을 끌어온 것이 게으름과 비겁함 때문이라고 여겨질 우려가 있었기 때문이다.

물론 파비우스가 스키피오를 반대하게 된 것은 극심한 조심성과 분별력 때문일 가능성이 높다. 그러나 이후에는 시기심과 경쟁심 때문에, 스키피오의 자라나는 영향력을 꺾기 위한 시도로서 갈수록 더 거칠고 강력하게 반대했을 가능성 또한 높다. 스키피오와 함께 집정관직을 맡고 있던 크랏수스를 설득해 군대의 지휘권을 스키피오에게 넘기고 그의 명령을 따르는 대신, 스키피오의 정책이 받아들여진다면 직접 카르타고로 행군하라고까지 말했을 정도였다.

또 그는 전쟁을 위한 예산 집행도 막았다. 그리하여 스스로의 돈으로 전쟁을 치러야 했던 스키피오는 그에게 헌신적으로 충성하고 있던 에트루리아의 도시들로부터 혼자 힘으로 자금을 모았다. 반면 크랏수스는 부분적으로는 싸움을 좋아하지 않는 그의 온화한 본성 때문에, 그리고 한편으로는 폰티펙스 막시무스, 즉 최고제사장으로서 종교적 관습을 지키기 위해 로마에 남았다.

XXVI.

이에 따라 파비우스는 스키피오를 막기 위한 또 다른 길을 택했다. 스키피오의 부하가 되기를 간절히 원하는 젊은이들을 방해하고 제지하고자 한 것이다. 그는 원로원과 민회를 다니며 외치기를 스키피오가 한니발을 피하여 도망치고 있을 뿐만 아니라 로마의 예비군을 데리고 이탈리아 땅을 떠나려고 하고 있으며 젊은이들의 희망을 이용하여 그들로 하여금 부모와 아내, 도시를 버리고 떠나라고 설득하고 있다고 했다. 그리고 그러는 와중에도 전쟁에 능숙한 적은 굳건히 로마의 성문 밖에 머물러 있다고 덧붙였다.

파비우스는 이와 같은 연설로 로마 사람들을 겁주는 데 성공하였고 시민들은 스키피오에게 당시 시켈리아에 있던 병력만 데려가도록 명령했다. 더불어 스키피오와 함께 이베리아에서 싸우며 그에게 지극히 충성했던 병사들 가운데 3백 명만 데리고 갈 수 있게 하였다. 아무튼 파비우스가 이와 같은 길을 택하게 된 데에는 그의 조심스러운 성격이 한몫했을 것이다.

그러나 스키피오가 리뷔에로 건너간 직후 그의 놀라운 업적, 크고 눈부신 공훈에 대한 소식들이 들려왔다. 그리고 이러한 소식은, 뒤따른 풍성한 전리품이 뒷받침해 주었다. 소식에 따르면 스키피오는 누미디아의 왕을 포로로 잡았으며 수많은 병사와 무기, 군마가 있던 적의 진영 두 곳에 동시에 불을 질렀다. 한니발은 카르타고에서 보낸 사절단으로부터 가망 없는 이탈리아 원정을 멈추고 고향을 도우라는 다급한 부름을 받았다. 이에 로마 사람들은 입을 모아 스키피오의 성공을 칭찬했으나 파비우스는 그를 교체할 후임을 찾아야 한다고 요구했다. 그러고는 고작 널리 알려진 속담 하나를 이유로 제시했다. 한 사람에게 언제나 행운이 따라다니는 일은 드물기 때문에 그토록 방대한 이해가 걸린 사안을 한 사람의 운에 맡겨두는 것은 위험하다고 주장한 것이다.

이렇게 되자 마침내 많은 사람들이 파비우스를 불쾌하게 여기기 시작했다. 그가 트집 잡기를 좋아하는, 악의가 있는 사람이라고 생각했으며 노년이 용기와 자신감을 깡그리 빼앗아 간 탓에 한니발을 터무니없이 두려워하고 있다고 여기게 된 것이다. 한니발이 군대를 이끌고 이탈리아 땅을 떠난 뒤에도 파비우스는 시민들의 기쁨과 새로이 샘솟은 용기를 꺾고 흔들며, 오히려 로마가 이전보다 심각한 극도의 위험으로 치닫고 있으며 나랏일이 위급한 지경에 빠져 있다고 고집했다. 한니발이 리뷔에에 있는 카르타고의 성문 앞에서 효과적으로 로마군을 덮칠 것이며 스키피오와 맞설 군대는 여러 위대한 장군들과 독재관, 집정관의 피를 쏟게 한 지 얼마 지나지 않은 경험 많은 군대라고 했다. 파비우스의 연설을 들은 로마는 다시금 혼란에 빠졌고 전쟁이 리뷔에로 옮겨갔음에도 전쟁의 공포가 생각보다 로마에 가까이 있다고 여기게 되었다.

XXVII.

그러나 얼마 지나지 않아 스키피오가 전투에서 한니발을 무참히 패배시키고 무너진 카르타고의 자부심을 끌어내려 짓밟았으며 동료 시민들에게 그들의 모든 희망을 뛰어넘는 기쁨을 안김으로써, 실로 '드높은 파도에 휘청였던' 로마의 우월성이라는 함선을 '다시금 제 항로에 올려놓았다.'

그러나 파비우스 막시무스는 살아서 전쟁의 끝을 보지 못하였고 한니발의 패배에 대해 듣지도 못했으며 나라의 눈부시고 당당한 번영을 겪지도 못하였다. 한니발이 이탈리아 땅을 떠날 무렵 병을 얻어 죽었기 때문이다.

테바이 사람들이 나랏돈을 들여 에파미논다스의 장례를 치러주었다는 것은 사실이다. 그가 가난한 상태로 죽었으며 그의 집에서는 철제 화폐 한 조각을 제외하고 아무것도 나오지 않았기 때문이다. 로마 사람들은 나랏돈으로 파비우스를 묻어준 것은 아니지만 시민 개개인이 가지고 있던 화폐 가운데 가장 액수가 적은 동전을 기부하였다. 시민들이 파비우스를 도운 것은 그가 가난했기 때문이 아니라 그를 아버지 같은 존재라고 생각했기 때문이며, 그의 죽음이 그의 생애에 적합한 영예와 관심을 받아야 한다고 여겼기 때문이다.

PLUTARCH LIVES

페리클레스와 파비우스 막시무스의 비교

I.

두 사람의 생애에 관한 이야기는 여기까지다. 두 사람 모두 민간인으로서 그리고 군인으로서 여러 탁월한 본보기를 보였으므로 먼저 두 사람의 군사적 업적을 따져보기로 하자.

페리클레스는 나라가 극도로 부유하고 세력이 최고에 이르러 제국의 권위가 절정에 달하였을 때 시민들의 우두머리가 되었다. 따라서 그가 넘어지고 쓰러지지 않게 도와준 것은 전반적인 행운과 국력이었던 것으로 보인다. 하지만 파비우스의 경우 로마가 가장 큰 불명예와 불행을 겪고 있을 시점에 도시의 책임자가 되었다. 번창하고 있던 나라를 안정적으로 유지한 것이 아니라 오히려 곤경에 빠진 나라를 더 나은 상태로 올려놓았다.

게다가 페리클레스는 키몬의 승리, 그리고 뮈로니데스와 레오크라테스의 승전비, 또 톨미데스의 여러 커다란 승리 덕분에 임기 중에 나라를 기념일과 국가적 축제로 풍족하게 만들 특권을 누렸으며 전쟁을 통해 영토를 키우거나 보호할 의무가 없었다. 반면 여러 불명예스러운 패배와 여러 총사령관과 장군의 잔혹한 죽음, 죽은 적병들로 가득 찬 호수와 들판과 숲, 학살된 시신을 껴안고 바다로 향하는 피로 물든 강을 직접 목격한 파비우스는 나라를 돕고 뒷받침하기로 마음먹고 꿋꿋이 자신만의 길을 지킴으로써 로마가 남이 초래한 재앙을 통해 기진맥진해지는 것을 막았다.

그러나 불행으로 인하여 겸손해지고 필요에 의해 현명한 자에게 복종할 수밖에 없게 된 나라를 다스리는 것은 비교적 쉬워 보이는 반면, 번영으로 인해 고무되어 있고 오만함과 무모함으로 부풀어 오른 나라 사람들의 고삐를 잡는 것은 어려워 보인다. 페리클레스가 아테나이를 통치할 당시도 이러한 상황이었다.

그럼에도 로마 사람들을 괴롭힌 크고 많은 재앙은 그것들에 당황하지 않고 자신의 행동 원칙을 버리지 않았던 파비우스의 확고한 목적의식과 위대함을 드러내 주었다.

II.

페리클레스가 사모스를 빼앗은 일은 파비우스가 타렌툼을 정복한 일에 견줄 만하다. 그리고 페리클레스의 에우보이아 정복은 파비우스가 캄파니아의 도시들을 빼앗은 일에 비할 만하다. 카푸아의 경우 집정관 풀비우스와 압피우스가 굴복시켰다. 전력을 다한 정식 교전에서 파비우스가 승리를 한 경우는 한 번뿐이고 이것을 기념하기 위해 첫 번째 개선 행진을 했었다. 반면 페리클레스는 땅과 바다에서 치른 여러 전쟁을 기념하여 승전비를 세운 것이 아홉 번이다.

그러나 파비우스가 한니발의 손아귀로부터 미누키우스를 구출하고 로마 군대 전체를 구원한 것과 같은 업적은 페리클레스에 대한 기록에는 남아 있지 않다. 그것은 실로 고귀한 업적이었고 용기와 지혜, 너그러움이 결합된 결과였다. 반면 파비우스가 한니발의 소 떼 작전에 속은 것과 달리 페리클레스는 그 정도의 패배를 겪었다는 기록이 없다. 파비우스의 경우 한니발이 제 발로, 그러나 우연히 좁은 계곡으로 접어들었을 때 거기 적을 가두는 데는 성공했으나 한니발이 밤을 틈타 빠져나가도록 내버려두었고 날이 밝은 뒤에도 붙잡지 못했으며 적의 지체를 유리하게 이용한 한니발에게 오히려 무릎을 꿇었다.

페리클레스와 파비우스 막시무스의 비교

그리고 만약 훌륭한 군인의 역할이 단지 현재를 개선하는 것이 아니라 미래를 올바르게 판단하는 것이라면 페리클레스는 그러한 장군이었다. 아테나이가 시작한 전쟁은 그가 예지하고 예언한 대로 끝을 맺었기 때문이다. 그러나 로마 사람들이 카르타고를 상대하기 위해 스키피오를 내보냈고 그가 완벽한 승리를 거둔 것은 파비우스의 원칙과는 반대되는 것이었다. 스키피오의 승리는 행운의 여신의 호의 덕분이 아니라 적을 압도한 그의 지혜와 용기 덕택이었다. 따라서 아테나이가 빠진 곤경은 페리클레스의 명민함을 입증한 반면, 로마의 승승장구는 파비우스의 생각이 완전히 틀린 것이었음을 입증했다.

장군이 선견지명이 부족하여 곤경에 빠지는 것은 자신감의 부족으로 성공의 기회를 놓치는 것만큼이나 심각한 결함에서 비롯되는 것이다. 두 가지 경우 모두 경험이 부족해서인데 무경험은 성급한 행동을 낳거나 용기를 빼앗기 때문이다. 두 사람의 군사적 능력에 관해서는 이 정도로 해두기로 하자.

III.

정치 능력에 관하여 이야기해 보자면 펠로폰네소스 전쟁은 페리클레스에 대한 많은 불만을 낳았다. 스파르테에 한치도 양보해서는 안 된다는 주장은 다름 아닌 페리클레스가 한 것으로 보이기 때문이다. 그러나 파비우스 막시무스가 그러한 상황에 있었어도 카르타고에 조금도 양보하지 않았을 것이며 로마의 우위를 지키기 위해서라면 당당히 위험을 감수했을 것이다.

그럼에도 미누키우스에 대한 파비우스의 너그러운 태도는 페리클레스

PERICLES AND FABIUS MAXIMUS

가 키몬과 투퀴디데스를 상대로 벌인 당파적인 다툼과 극명하게 대비된다. 키몬과 투퀴디데스는 둘 다 진실된 사람이었으며 태생이 고귀하였으나 페리클레스에 의해 도편 추방되어 귀양을 가야 했다.

한편 페리클레스는 파비우스보다 권력과 영향력이 컸다. 따라서 다른 장군이 악의가 담긴 조언을 통해 나라에 불행을 가져오는 일을 내버려 두지 않았다. 예외적으로 톨미데스가 페리클레스의 조언을 어기고 주 병력을 이끌고 보이오티아에 대한 공격 계획을 실행에 옮겼으며 처절한 패배를 맛보았다. 그러나 나머지 장군들은 유순하게 그의 명령에 복종하였는데 이것이 다 그의 커다란 영향력 덕택이었다. 반면 파비우스는 자신의 일을 수행하는 데에 관한 한 실수가 없고 확신에 가득 차 있었으나 다른 이들을 제지하는 데에는 부족했던 것으로 보인다. 만약 파비우스에게, 아테나이에서 페리클레스가 가졌던 것만큼의 영향력이 있었더라면 로마는 그토록 많은 고초를 겪지 않았을 것이다.

더 나아가 사리사욕으로부터의 자유로움에 관해 말하자면 페리클레스는 그 어떤 선물도 받지 않음으로써 이를 드러내 보였고 파비우스는 재산이 약 6탈란톤으로 결코 많지 않았음에도 자비로 몸값을 지불하고 붙잡힌 병사들을 되찾아 온 것에서 볼 수 있듯 필요한 이들을 위해 아낌없이 베푸는 모습을 보여주었다. 그리고 페리클레스는 그의 권위와 영향력에 아첨하는 여러 왕과 동맹국으로부터 엄청난 금액을 받아 챙길 수 있었음에도 뇌물에 초연했으며 부패를 멀리 했다.

페리클레스가 대규모 공공사업을 통하여, 그리고 여러 신전과 웅장한 건축물을 지어 아테나이를 장식한 것에 비하면 도시를 눈부시게 꾸미기 위한 로마의 시도는 카이사르의 시대에 이르기까지 고려할 가치가 없으며 아테나이가 구상의 규모 면에서나 실제적인 구현의 규모 면에서 로마

페리클레스와 파비우스 막시무스의 비교

를 훨씬 뛰어넘었기 때문에 비교가 불가능하다.

니키아스

I.

　내 생각으로는 니키아스를 크랏수스에 견주고 시켈리아시칠리아 전쟁을 파르티아 전쟁과 비교하는 것이 적절할 듯하다. 따라서 시작하기 전에 먼저 독자들에게 머리 숙여 부탁할 수밖에 없다. 내가 이야기하려는 주제는 투퀴디데스가, 스스로를 초월하는 감정과 사실감, 다채로움을 담아 흉내 낼 수 없는 방식으로 다루었던 주제이다. 그러니 내가 티마이오스처럼 할 것이라고는 상상하지 않기를 바란다. 티마이오스는 투퀴디데스를 능력으로 앞서 보려고, 또 필리스토스가 장황하고 부주의했던 것처럼 보이게 만들기 위해, 두 저자가 이미 최고의 수준으로 다루었던 여러 전투와 해전과 연설에 대하여 꿋꿋이 다시 이야기하며 역사를 기록했다.*

　아무튼 나는 투퀴디데스와 필리스토스가 제시한, 여러 업적에 대한 이야기들을 완전히 무시할 수는 없다. 그것들이 내가 다루는 주인공의 본성과 그의 여러 극심한 고난의 이면에 숨어 있는 생각들을 드러내고 있기 때문이다. 다만

• 역사가 투퀴디데스.

불필요한 군더더기 없이 간단하게 소개할 예정이다. 경솔하기 그지없으며 게으르기까지 하다는 비난을 면하고자 함이다.

그러나 대부분의 역사가들이 다루지 않고 지나간 사항들, 그리고 살짝 건드리고 지나간 것들, 혹은 옛 봉헌물이나 공식적인 포고문 등에 나타난 내용은 되도록이면 모아 두었다. 쓸모없는 연구 자료까지 죄다 쌓아놓은 것이 아니라 품성과 성격을 평가하는 데 요긴할 자료만 담아둔 것이다.

II.

이제 니키아스에 대해 말해 보자면 먼저 아리스토텔레스의 기록을 언급해야 한다. 그는 아테나이에 누구보다 뛰어난 시민이 셋 있는데, 이들은 민중에 대한 선의와 호의를 타고난 사람들로 니케라토스의 아들 니키아스, 멜레시아스의 아들 투퀴디데스, 그리고 하그논의 아들 테라메네스라고 했다.*

앞의 두 사람 가운데 투퀴디데스가 더 나이가 많았으며 귀족 정당인 '선하고 진실한 이들'의 우두머리로, 민중의 선심을 사려는 페리클레스와 곧잘 대립하곤 했다. 니키아스는 나이가 더 어렸다. 그럼에도 페리클레스가 살아 있을 당시 어느 정도 명성이 있었기에 장군으로서 페리클레스와 교류가 있었을 뿐 아니라 종종 독자적인 지휘권을 갖기도 했다. 페리클레스가 죽은 뒤 니키아스는 곧장 지도자의 위치에 섰는데 특히 부유하고 명망 있는 자들의 정당의 지지를 받았다. 클레온의 역겨운 뻔뻔스러움에 맞설 사람으로 니키아스가 선택된 것이다.

그런데 따지고 보면 평민들조차 니키아스를 지지하였고 그가 야망을 이루는 데 도움을 주었다. 클레온이 민중을 '어르고, 종종 돈을 벌 수 있는 일자리를 제공함으로써' 그들에게 큰 영향력을 행사하고 있었던 것은 사실이지만 클레온이 호의를 얻고자 노력을 기울이고 있던 사람들은 그의 탐욕과 극도의 몰염치를 잘 알고 있었다. 그래서 대부분의 경우 니키아스가 자신들의 뜻을 대신해 주기를 바랐다.

니키아스는 거칠거나 적대적이지 않았으며 매우 신중한 성격이었다. 그리고 민중을 두려워하는 것처럼 보인 덕분에 오히려 민중을 통제할 수 있었다. 천성적으로 수줍음이 많고 늘 자신을 의심하곤 했던 니키아스였지만 전쟁에서는 행운이라는 겉옷 안에 두려움을 감출 수 있었다. 덕분에 장군 니키아스는 꾸준한 승리를 거두었다.

한편 정치가 니키아스는 안절부절 못하는 성격, 그리고 비난을 받으면 쉽게 혼란에 빠지는 특성 덕분에 오히려 인기를 얻었다. 그래서 민중의 지지로부터 나오는 힘을 한껏 누릴 수 있었던 것이다. 민중은 그들을 혐오하는 사람들을 두려워하지만 그들을 두려워하는 사람들을 추켜세우기 때문이다. 지배자가 군중에게 보낼 수 있는 가장 큰 경의는 그들을 증오하지 않는 것이다.

III.

페리클레스는 타고난 탁월함과 힘 있는 언변으로 도시를 이끌었고 군중을 설득하기 위해 특별한 태도를 꾸며낼 필요가 없었다. 니키아스는 그러한 능력은 없었지만 재물이 넘쳐났기 때문에 이를 이용하여 민중을 이끌고자 했다. 또 클레온이 하듯 온갖 익살로 아테나이 사람들을 기쁘게 할 수 있는 능력도 없다고 생각했기 때문에 합창 공연과 체육 경기, 그 밖에 여러 선심 쓰기를 통해 민중을 사로잡으려고 했다. 이러한 행사들의 화려함이나 비용은 유례가 없었으며 동시대 다른 행사에서도 찾아

볼 수 없었다.*

IV.

　니키아스가 이와 같은 일을 벌이며, 명성을 높이고 야망을 충족시키기 위하여 시끌벅적 소란을 피웠음은 분명하다. 그럼에도 니키아스의 취향이나 성격으로 판단해 보건대 그가 민중의 지지를 얻고 민중을 다스리고자 취한 여러 수단이 실은 그의 독실한 신앙에서 나온 당연한 결과라고 생각해 볼 수 있다.

　실로 니키아스는 하늘이 내린 징조에 대해 과도하게 공포를 느끼곤 했으며 투퀴디데스의 말에 따르면 '예언에 중독'되어 있었다. 그리고 파시폰의 『대화록』에는 그가 매일 신들께 제사를 올렸다고 기록되어 있다. 집안에 예언자를 두기도 했는데 명목상 그것은 공적인 업무에서 발생하는 빈번한 물음에 대한 대답을 얻기 위함이었다. 그러나 실제로 대부분의 물음이 사적인 문제에 관한 것이었고 특히 그가 소유한 은광에 대한 것이었다. 니키아스는 라우레이온 지역 광산에 이권이 많았고, 위험은 컸지만 소득은 매우 짭짤했다. 수많은 노예를 부려 광산을 운영한 니키아스의 자산의 대부분은 은이었다.

　이러한 이유로 니키아스에게는 돈을 요구하는 사람들이 많았고 많은 경우 돈을 받아 갔다. 그는 자신의 호의를 받아 마땅한 사람들뿐만 아니라 자신에게 해를 입힐 만한 사람에게도 재물을 베풀었다. 대체로 니키아스의 비겁함은 저열한 사람들에게는 소득의 원천이었다. 그의 후한 심성이 선한 사람들에게 소득의 원천이었던 것과 마찬가지다.

　이것의 증거는 희극 시인들의 작품에서 찾아볼 수 있다. 텔레클레이데스는 특정한 직업적 밀고자에 대하여 다음과 같이 썼다.

카리클레스가 그 밀고자에게 1므나를 주고 덮고자 한 것은
자신이 맏이라는 사실, 친자식이 아니라는 사실.
부유한 니케라토스의 아들 니키아스는 4므나를 주었는데
나는 그 이유를 매우 잘 알고는 있으나
말하지 않으리. 니키아스는 나의 친구이자 현명하며 진실된 사람이니.*

V.

  직업적 밀고자들을 이처럼 두려워했기 때문에 니키아스는 동료 시민과 식사를 함께하지 않았고 일반적인 의견 교환이나 가까운 사람들과의 사교도 멀리 했다. 실제로 그러한 것을 즐길 여유가 없었다. 군인으로 활동할 당시에는 늦은 밤까지 군사 본부에 있었으며 의원직에 있을 동안에는 누구보다 먼저 의회에 도착하고 누구보다 늦게 의회를 나섰다. 니키아스에게 처리할 공적 업무가 없을 때에도 그를 만나거나 그와 사귀기는 쉽지 않았다. 문을 걸어 잠그고 집 안에만 있었기 때문이다. 그의 친구들은 문 앞에서 기다리는 사람들에게 다가가 니키아스가 나오지 못하는 것을 너그럽게 여겨달라고 간청하며 집 안에서조차 온갖 시급한 업무에 매달려 있기 때문이라고 했다.

  니키아스를 도와 이 역할을 가장 잘 수행한 사람이자 니키아스가 겉으로 위풍당당한 자세를 유지할 수 있도록 거든 사람은 히에로였다. 니키아스의 집안에서 자란 히에로는 니키아스로부터 글과 문학에 대해 철저한 교육을 받은 사람이었다. 히에로는 디오뉘시오스의 아들을 사칭하기도 했다. 별명이 칼코스였던 디오뉘시오스가 지은 시는 오늘날까지 전해 내려오고 있으며 그는 이탈리아로 이주민을 이끌고 가서 투리이를 세운 것으로도 알려져 있다. 히에로는 니키아스를 대신하여 예언자들과

비밀리에 거래를 하기도 했으며 니키아스가 나라를 위해 얼마나 많은 고충을 감수하고 있는지에 관한 감동적인 이야기들을 끊임없이 사람들에게 들려주곤 했다.

"아니, 심지어는 목욕을 할 때나 식사를 할 때도 업무나 다른 무언가가 그분을 괴롭힙니다. 그분은 여러 사람의 행복을 걱정하며 사적인 일은 제쳐두고 보통 사람이 잠에서 깰 시각까지 잠에 들지 못합니다. 그래서 늘 그렇게 피로해 보이는 것이고 친구들에게 상냥하거나 친절하게 굴지 못하는 겁니다. 나라에 봉사하느라 재산뿐만 아니라 친구들도 떠나보낸 것입니다. 나랏일을 하는 다른 사람들은 친구도 얻고, 연설을 통해 얻은 영향력으로 재물도 얻어 호화롭게 지내면서도 정작 나라를 위해 봉사하는 것을 장난으로 여기곤 하지 않습니까?"

실제로 니키아스는 자신의 인생에 대해 아가멤논과 같은 말을 할 수 있었을 터이다.

내 인생의 주인으로
당당하게 살아도 민중에게 나는 노예.

VI.

한편 민중은 때에 따라 언변이 뛰어나고 능력이 탁월한, 경험 있는 인물들을 이용하면서도 때로는 그들의 권력을 의심스럽고 조심스러운 눈초리로 바라보고 자부심과 명성을 주었다가도 도로 빼앗았다. 니키아스는 이를 잘 알고 있었다. 그러한 민중의 심리는 그들이 페리클레스에게 벌금을 부과한 일이나 다몬을 도편 추방한 일을 통해 명백히 드러났다. 나아가 민중 대부분은 람누스 출신 안티폰에게 보내던 신뢰를 접었다.

무엇보다도, 레스보스를 정벌한 파케스의 운명에서 민중의 성격이 여실히 드러난다. 파케스는 장군으로 있을 당시 실행에 옮긴 업무에 관하여 정식 보고를 하다가 발표를 하던 법정 안에서 칼을 뽑아 자결했다.*

　따라서 니키아스는 길고 힘들 것 같은 지휘 업무는 피하려고 했고 부득이하게 장군의 직책을 맡게 되었을 경우 자신의 안전을 확보하는 것을 주된 목적으로 삼았기 때문에 대체로 좋은 결과를 얻은 것은 당연했다. 그럼에도 그는 자신의 업적을 자신의 지혜나 능력, 용기의 덕택이라고 생각하지 않았고 운이 좋았기 때문이라고 생각하였으며 신들이 정해 놓은 사건의 순서 속에서 겸손하게 은신처를 찾았다. 시기심이 두려워 명성을 일부 포기한 것이다.

　그의 지혜를 입증하는 사건은 적지 않다. 아테나이가 당시 겪었던 여러 불행 가운데 그가 연관되어 있었던 사건은 없었기 때문이다. 아테나이가 트라키아에서 칼키디케 사람들의 손에 패배를 맛본 것은 칼리아데스와 크세노폰의 지휘 아래 일어난 일이었으며 아이톨리아 사태는 데모스테네스가 지휘를 맡고 있을 때 벌어졌다. 델리온에서 시민 천 명이 희생되었을 때는 힙포크라테스가 장군이었으며 역병은 대부분 페리클레스의 탓으로 돌아갔다. 전쟁을 이유로 지방에서 올라온 인파를 도시에 가두어 놓은 것이 바로 페리클레스였으며 사람들은 거주 환경의 변화와 익숙하지 않은 생활방식이 역병을 낳았다고 생각했기 때문이다. 그러나 아무도 이런 것들을 니키아스의 탓으로 돌리지 않았다.

　장군으로서 니키아스는 라코니케를 다스리기 적절한 위치에 머물며 라케다이몬 사람들이 거주하고 있던 퀴테라를 사로잡았다. 또한 반란을 일으킨 트라키아의 여러 도시들을 잠재우고 다시금 동맹을 약속받았다.

---

* 발표 중에, 민심이 돌아섰음을 깨달았기 때문일 것이다.

그리고 메가라 사람들을 성벽 안에 가둔 뒤 곧장 미노아 섬을 가로챘으며 그 직후 이곳을 본부로 삼아 니사이아를 사로잡았다. 그는 또 코린토스의 영토로 진군하여 전투 끝에 코린토스 사람들을 제압하고 여럿을 죽였다. 그중에는 뤼코프론 장군도 포함되어 있었다.

코린토스 전투가 있은 뒤, 아테나이 군은 장례를 지내주기 위해 아군 측 전사자들을 수습했다. 그러나 뒤늦게, 미처 알아보지 못하고 전장에 남겨둔 시신 두 구가 있다는 것을 깨달았다. 그 즉시 니키아스는 가던 길을 멈추고 적에게 전령을 보내 시신을 수습하는 것을 허락해달라고 하였다. 그러나 그럴 경우, 협정에 따라 시신을 수습할 권리를 얻은 측이 스스로 패배를 인정하는 셈이 된다는 것이 관례이자 불문율이었다. 권리를 얻은 측은 승전비를 세우는 것도 금지되었는데 전장을 소유한 측을 승리자로 여겼기 때문이다. 시신을 수습할 권리를 요청하는 측은 원하는 것을 전장으로부터 가져갈 수 없다는 것을 인정하는 셈이니 전장을 소유한 것으로 볼 수 없다. 그럼에도 니키아스는 승리자로서의 명예와 명성을 버리는 한이 있더라도 동료 시민의 장례를 치러주고자 했다.

그는 또한 라코니케의 해안을 약탈하고 그를 막으려던 라케다이몬 사람들을 패주시켰으며 아이기나 사람들이 점령하고 있던 튀레아 역시 사로잡아, 생포한 적병들을 아테나이로 데려갔다.

VII.

데모스테네스가 필로스의 방비를 강화한 뒤 펠로폰네소스 사람들이 땅과 바다를 이용하여 이곳을 쳐러 왔다. 전투가 이어진 끝에 스파르테 사람 약 4백 명이 스팍테리아라는 섬에 갇혔다. 아테나이 사람들은 이들을 사로잡는 것이 대단한 업적일 것이라고 생각했고 실로 그러했다. 그러나 포위 공격은 힘겹고 어려운 일이었다. 근방에 마실 물이 부족했기 때문이다. 펠로폰네소스 반도를 에둘러 필요한 물자를 보낸다는 것은 여름에조차 길고 돈이 많이 드는 과정이었고 겨울에는 위험한 것은 물론 거의 불가능한 일이었다.

 따라서 아테나이 사람들은 불만에 싸여 있었고 평화 협정을 하러 온 라케다이몬 사절단을 돌려보낸 것을 후회했다. 사절단을 돌려보낸 것은 니키아스를 의식한 클레온의 반대 때문이었다. 니키아스를 혐오했던 클레온은 니키아스가 라케다이몬 사람들과 적극적으로 협의하는 것을 보고 민중을 설득해 협정을 거부하도록 만든 것이다. 따라서 포위 공격이 점점 더 길어지고 병사들이 비참한 상황에 처해 있다는 소식이 전해지자 사람들은 클레온에게 분노했다.
 그러나 클레온은 모든 잘못을 니키아스에게 돌렸다. 니키아스가 비겁하고 나약한 까닭에 섬 사람들이 그의 손아귀에서 빠져나가고 있는 것이며 니키아스가 아닌 자신이 장군이었다면 사태가 그토록 오래 지속되도록 내버려두지 않았을 것이라고 주장한 것이다. 그러자 아테나이 사람

들이 말했다.

"지금도 늦지 않았습니다. 이제라도 출항하여 병사들을 되돌리시지요?"

그러자 회의에 참석하고 있던 니키아스 역시 자리에서 일어나 클레온을 지지했고 퓔로스 원정의 지휘권을 내려놓았다. 그리고 병력은 원하는 만큼 대주겠으니 무해한 말로만 용기를 보여주지 말고 나라를 위해 주목할 만한 업적을 보여 달라고 간청했다.

민중의 갑작스런 제안에 당황한 클레온은 발을 빼려고 했으나 아테나이 사람들이 계속해서 그를 격려했고 니키아스마저 그를 조롱했기 때문에 마침내 야심이 불길처럼 타오른 클레온은 지휘권을 넘겨받았다. 덧붙여 선언하기를 20일 안에 섬에 있는 적들을 무찌르거나 생포하여 아테나이로 데려오겠다고 하였다. 아테나이 사람들은 이 말을 듣고 믿기보다는 한바탕 폭소를 터뜨렸다. 클레온의 과도한 자만을 한 귀로 흘리고 기분 좋게 받아 넘기는 데 이미 익숙했기 때문이다.

이런 경우도 있었다. 민회가 열리고 사람들이 프뉙스*에 앉아 한참 동안 클레온의 연설을 기다리고 있었다. 그런데 클레온이 오후 늦게, 만찬에 가는 차림을 하고 나타나서는 민회를 다음 날로 연기해 달라고 부탁한 것이다.

"오늘은 좀 바쁩니다. 손님을 대접해야 하고 신들께 제사도 이미 올렸습니다."

그러자 아테나이 사람들은 폭소를 터뜨리고는 자리에서 일어나 해산했다고 한다.

• 아테나이의, 민회가 열리던 언덕.

VIII.

 그러나 스팍테리아에서는 클레온에게도 운이 따랐다. 그는 데모스테네스와 함께 장군의 임무를 훌륭히 수행하고, 선언한 대로 20일 안에 무기를 버린 포로들을 아테나이로 데리고 왔다. 스팍테리아 섬에서 벌어진 전투에서 죽지 않은 스파르테 사람들 전부였다. 클레온의 승리는 니키아스의 명예에 지극히 부정적인 영향을 미쳤다. 니키아스의 행동은 방패를 내버린 것을 넘어서 극도로 불명예스럽고 저열한 것으로 비춰졌다. 비겁하게 지휘권을 포기하였고 심지어 자기 손으로 관직을 내려놓음으로써 정적에게 커다란 승리의 기회를 넘긴 셈이었기 때문이다.*

 게다가 니키아스는 클레온에게 상당한 명성과 영향력을 갖도록 허락함으로써 나라에 적지 않은 피해를 입혔다. 클레온은 불쾌함을 줄 정도의 자부심과 주체할 수 없는 오만을 떨면서 나라에 여러 해악을 끼쳤는데 그렇게 맺은 쓰디쓴 열매는 그 자신이 가장 많이 따먹게 되었다.

 클레온이 저지른 최악의 행위는 연단의 품위를 빼앗은 일이다. 그는 시민들을 상대로 연설을 할 때 소리를 지르거나 겉옷을 뒤로 제치거나 허벅다리를 때리거나 뛰어다니면서 말하는 것을 유행시켰다. 이로써 나라의 정책을 관리하는 사람들에게 가벼움, 그리고 예절에 대한 멸시를 불어넣어 얼마 지나지 않아 온 나라가 혼란에 빠지게 만들었다.

IX.

 바로 그때쯤 아테나이에서는 알키비아데스가 세력을 얻기 시작했다. 민중 지도자였으나 클레온처럼 순수한 악인은 아니었다. 전해지는 말에 따르면 아이귑토스의 토양은 그 탁월함으로 인해 '다양한 약물'을 생산하는데 '어떤 것은 약효가 뛰어나고 어떤 것은 치명적'이라고 한다. 알키비아데스의 본성이 이와 같았다.

• 알키비아데스.

빠르고 풍부한 물살을 타고 선과 악으로 동시에 향하던 그는 본격적인 개혁의 원인과 시작을 제공했다. 따라서 클레온을 없앤 뒤에도 니키아스는 나라에 완벽한 휴식과 평온을 가져올 기회를 얻지 못했다. 실제로 그가 나라의 안위를 어느 정도 확보했음에도 알키비아데스의 열망은 성급하게 이를 내팽개쳤으며 나라는 다시금 전쟁에 휘말렸다.

사건은 이렇게 시작되었다. 헬라스의 평화에 가장 유해한 인물은 클레온과 브라시다스*였다. 전쟁은 두 사람 가운데 한 사람의 비열함을 덮어 주었고 다른 한 사람의 탁월함을 장식하였다. 다시 말하면 한 사람에게는 여러 심각한 부정을 행할 기회를, 다른 한 사람에게는 여러 위업을 세울 기회를 준 것이다. 두 사람이 암피폴리스 앞에서 벌어진 전쟁에서 함께 죽음을 맞은 직후 니키아스는 즉각 스파르테가 예전부터 평화를 갈망해 왔으며 아테나이 사람들 역시 전쟁을 치를 기운이 없다는 것을 깨달았다. 말하자면 양측 모두 맥이 풀려 있었고 기꺼이 무기를 내릴 준비가 되어 있었던 것이다.

• 브라시다스. 메리 맥그리거의 『그리스 이야기(Story of Greece)』에 수록된 삽화.

• 스파르테의 장군.

따라서 니키아스는 두 나라를 화해시키고 나머지 헬라스 땅에 불행이 오는 것을 막는 동시에 스스로에게도 휴식할 기회를 주어, 패배를 모르는 사람으로서의 자신의 명성이 길이 남도록 하기 위해 애썼다. 그는 부유하고 나이가 많은 사람들, 그리고 대부분의 농사꾼들은 애초부터 평화를 갈망해 왔다는 사실을 알게 되었다. 그 밖의 여러 사람들과도 사적인 대화를 가진 니키아스는 자신의 생각을 전달한 다음 전쟁을 향한 날 선 욕망을 무디게 했다. 그리고 스파르테에 희망을 걸고, 평화를 되찾기 위해 시급한 논의가 필요하다는 뜻을 알렸다. 스파르테는 니키아스를 신뢰했는데, 그가 평소 스파르테에 호의적이었기 때문만은 아니었다. 무엇보다, 퓔로스에서 붙잡혀 아테나이에서 옥살이를 하던 스파르테 포로들을 그가 각별히 보살피고 인간적으로 대접해, 불행한 처지에 있던 포로들을 조금이나마 더 안락하게 해주었기 때문이었다.

이미 양측은 1년 간 적대 행위를 하지 않기로 하는 약속을 맺은 바 있었는데 그 기간 동안 두 나라는 서로 대화를 하고 다시금 편안하고 한가로운 생활을 하며 나라 안팎의 친구들과 교류하는 단맛을 보았다. 따라서 전쟁에 오염되지 않은 옛 생활을 그리워하게 되었으며 '쓸모없이 나동그라진 창이 거미줄로 뒤덮이기를'' 노래하는 합창단에 기뻐하며 귀를 기울이곤 했다. 또 '평화로운 나날에 잠을 깨우는 것은 나팔이 아닌 수탉'이라는 속담을 기꺼이 떠올렸다.

따라서 두 나라는, 9년이 세 번은 지나야 전쟁이 멈출 것이라고 말했던 사람들에게 비난을 퍼부었으며 그러한 마음으로 서로 대화한 끝에 평화를 맺었다. 대부분의 사람들을 이것을 모든 불행이 사라질 분명한 계기로 보았으며 니키아스는 모든 이들의 입에 오르내렸다. 사람들은 그

• 에우리피데스의 『에렉테우스』의 시작 부분.

가 신의 사랑을 받고 있으며, 독실한 신앙의 대가로 하늘이 내린 특권으로 인해 무엇보다 크고 아름다운 축복에 그의 이름을 덧붙이게 되었다고 했다. 그들은 전쟁이 페리클레스의 소행이라고 믿었듯 평화가 니키아스의 노력의 결과라고 굳게 믿었다. 페리클레스가 사소한 계기로 헬라스 사람들을 끔찍한 재앙에 빠뜨렸다면 니키아스는 헬라스 사람들로 하여금 서로에게 입힌 심각한 상처를 잊고 다시 친구가 되도록 만들었기 때문이다. 따라서 오늘날까지도 사람들은 그 평화를 '니키아스의 평화'라고 부른다.

X.

평화 협정에 따르면 양측은 가져간 요새와 성, 전쟁 포로를 돌려주어야 했는데 그 순서는 제비뽑기로 결정하게 되어 있었다. 그런데 니키아스가 비밀리에 제비뽑기를 조작했으므로 라케다이몬 사람들이 먼저 돌려주게 되었다. 테오프라토스의 말에 따르면 그렇다는 것이다.

그러나 일이 돌아가는 것이 마음에 들지 않았던 코린토스와 보이오티아 사람들의 비난과 불만으로 미루어 그들이 전쟁의 불씨를 되살릴 것으로 생각한 니키아스는 아테나이와 라케다이몬 사람들이 상호 동맹이라는 굳은 계약을 맺어 포괄적 평화를 확고히 하자고 설득하였다. 그렇게 하면 반란을 일으킨 나라들에 더 큰 위협이 되는 동시에 서로에 대해 더 큰 신뢰를 가질 수 있으리라고 주장한 것이다.

일이 이처럼 되어가자, 천성이 잠자코 있는 법을 모르는 알키비아데스는 라케다이몬 사람들이 니키아스와 다정한 관계를 유지하며 자신을 깔보고 무시하는 것에 격분해 즉시 포괄적 평화를 반대하고 방해했다. 처음에는 별 진전이 없었으나 얼마 후 그는 아테나이 사람들이 라케다이몬 사람들에 대하여 전처럼 호의적이지 못한 것을 보았다. 라케다이몬 사람들이 보이오티아 사람들과 별개의 동맹을 맺었으며 파낙톤의 성벽을 복구하지도 않고 반환했을 뿐더러 암피폴리스는 반환조차 하지 않은 것을 불쾌히 여겼기 때문이다. 알키비아데스는 마침내 아르고스에서 아테나이로 사절단을 불러 두 도시가 별개의 동맹을 맺게 하고자 했다.•

그러자 스파르테가 즉시 모든 사항에 대한 결정권을 가진 사절단을 파견하였다. 사절단은 먼저 의회와 면담을 가졌고 의회는 그들의 제안이 모두 공정하다고 선언했다. 알키비아데스는 사절단이 의회를 설득한 방식 그대로 민회까지 설득할 것이 두려웠다. 따라서 사절단에게 접근하여 말하기를 그들이 모든 사항에 대한 결정권을 갖고 왔다는 사실을 말하지 않고 심지어 인정하지조차 않는다면 민회의 협조를 얻는 것을 도와주겠다고 장담했다. 그것이 민중의 마음을 사는 방법이라고 꼬드긴 것이다.

알키비아데스의 말에 넘어간 사절단은 그들을 이끌어주던 니키아스의 손에서 벗어나 알키비아데스의 편에 붙었다. 사절단을 민회에 소개한 알키비아데스는 무엇보다 먼저, 모든 협의 사항에 대한 결정권을 갖고 왔느냐고 물었다. 그들이 "아니오"라고 대답하자 그는 놀랍게도 안면을 바꾸고 그 자리에 있던 의회 의원들을 불렀다. 그리고 사절단이 의회에서 했던 말에 대해 증언하라고 했다. 그러고는, 동일한 질문에 "예"라고 했다가 또 "아니오"라고 하며 새빨간 거짓말을 일삼는 자들을 따라서는 안 되고 믿어서는 더욱 안 된다고 주장했다. 당연히 사절단은 당혹스러움에 어쩔 줄을 몰랐고 니키아스 역시 한마디도 하지 못했다. 놀라움과 절망감에 말을 잃은 것이다.

• 아르고스는 스파르테와 관계가 나빴으나 아테나이와 스파르테가 동맹을 맺는 분위기가 되자 스파르테와도 동맹을 맺을 계획을 갖고 있었다. 이에 알키비아데스가 선수를 쳐 아르고스 사절단을 아테나이로 오게 하였다.

일이 이렇게 되자 시민들은 서둘러 아르고스 사절단을 불러들여 동맹을 맺고자 했으나 바로 그때 가벼운 지진이 일어나 민회가 해산되었다. 니키아스에게는 다행스러운 일이었다. 다음 날 민회가 다시 소집되자 니키아스는 엄청난 노력과 많은 설득 끝에 아르고스의 제안을 받아들이지 않도록 하는 데 성공했다. 반면 스스로 사절단의 일원으로서 라케다이몬으로 가겠다고 했으며 모든 것이 잘될 거라고 다독였다.

니키아스가 스파르테에 다다랐을 때 그 나라 사람들이, 자국을 위해 열심히 뛴 니키아스를 진실된 사람으로 여기고 존경심을 보인 것은 사실이다. 그러나 니키아스는 단 한 가지 목적도 이루지 못했다. 보이오티아에 호의를 보이고 있던 정당에 가로막혀 빈손으로 고향으로 돌아와야 했던 것이다. 아테나이에 돌아온 니키아스는 명성을 잃고 극심한 비난을 받는 것에서 그치지 않고 신변의 위협까지 느꼈다. 나라에서는 니키아스의 설득에 따라 여러 지위가 높은 스파르테의 포로들을 본국으로 이송한 뒤였기 때문이다. 필로스에서 붙잡힌 이 포로들 가운데는 스파르테에서 손꼽히는 집안의 자제들이 많았으며 스파르테에서 가장 영향력이 큰 사람들을 가족과 친구로 두고 있었다. 이 때문에 아테나이 시민들은 짜증과 분노로 가득 차 있었다.

그러나 화가 났다고 해서 니키아스를 가혹한 벌로 다스리지는 않았다. 대신 알키비아데스를 장군으로 앉히고 라케다이몬 사람들과의 동맹 관계에서 빠져나온 만티네이아와 엘레아 사람들과 동맹을 맺었다. 아르고스와도 동맹을 맺었고 필로스에 있던 해적들을 라코니케로 보내 약탈하게 만들었으며 그로 인해 또다시 전쟁에 빠져들었다.

XI.

 니키아스와 알키비아데스 간의 불화가 극도로 심각해지자 아테나이는 마침내 도편 추방이라는 방법에 기댈 수밖에 없었다. 아테나이에는 오스트라콘, 즉 도자기 조각陶片을 이용한 투표로 그 사람을 10년 간 추방하는 제도가 있었다. 이 제도는 대체로 명성이 지나치게 드높아서 의심을 사거나 재물이 너무 많아 질투심을 산 사람이 있을 경우 때때로 시행되었다. 알키비아데스의 경우, 시민들은 그의 생활방식을 혐오하고 오만함을 두려워했는데 더 자세한 이야기는 그의 생애를 다룰 때 하도록 하겠다.

 니키아스의 경우 재물이 많아 시기의 대상이 되었다. 그리고 무엇보다도 온화하거나 대중과 가깝지 못했으며 비사교적이고 귀족적인 삶의 방식이 시민들에게 낯설고 이상하게 느껴졌다. 그리고 그가 종종 민중의 바람에 반대하고 그들이 원하는 길이 아닌 그들에게 유익한 길을 강요했으므로 민중은 그를 부담스럽게 여겼다. 그러나 간단히 말하자면 투표는 전쟁을 원하는 젊은이들과 평화를 원하는 장년층 간의 대결이었다. 한쪽은 니키아스를 추방하자고 제안했고 다른 한쪽은 알키비아데스를 추방하고 싶어 했다.

 '선동이 난무하는 시기에는 비열한 자도 존경을 받는다'는 말이 있듯이 경우에도 민중은 둘로 나뉘었고 누구보다 공격적이고 악의로 가득한 사람들이 설 자리를 내어주었다. 이들 가운데에는 페리토이다이 출신의 휘페르볼로스라는 자가 있었다. 그는 영향력이 커서 뻔뻔해진 것이 아니라 뻔뻔해서 영향력을 키울 수 있었던 자였으며 그가 나라를 자랑스러워하는 만큼 나라에게는 커다란 불명예였다. 당시 이자는 자신이 도편 추방될 가능성이 적다고 생각했는데 실제로 형틀에 묶이면 묶였지 추방

될 만한 사람은 아니었다.

아무튼 두 경쟁자 가운데 한 사람이 추방되면 자신이 남은 사람의 상대가 될 수 있으리라고 여긴 휘페르볼로스는 두 사람 간의 불화를 반겼고, 그가 두 사람 모두를 비난하며 시민들을 선동하고 있다는 것은 누가 봐도 알 수 있었다. 따라서 이 비열한 자에 대해 알게 된 니키아스와 알키비아데스는 몰래 회동하여, 나뉘어 있었던 당파를 결합시키고 화합시켜 결국 승리를 쟁취하였다. 두 사람 모두 추방을 면한 대신 휘페르볼로스가 쫓겨난 것이다.*

운명은 실로 어디로 튈지 모르는 것이고 헤아릴 수 없다. 누가 추방되는지를 놓고 알키비아데스와 끝까지 겨루어 승리했다면 니키아스는 경쟁자가 사라진 성안에서 무사히 여생을 보냈을 터이기 때문이다. 패배하였다고 해도 노년의 불행을 맞이하기 전에 나라에서 추방됨으로써 훌륭한 장군이었다는 명예는 끝까지 지켰을 것이다.*

• 휘페르볼로스의 이름이 적힌 도편. 아테네의 아고라 박물관.

XII.

에게스타와 레온티니의 사절단이 아테나이로 와서 시켈리아_{시칠리아}를 상대로 전쟁을 벌이도록 설득했을 때 이에 반대한 것은 물론 니키아스였다. 그러나 그의 뜻은 알키비아데스의 야심찬 목적 앞에 무너졌다. 민회가 소집되기도 전에 알키비아데스는 이미 군중을 매수하고, 확신에 찬 공약을 통해 그들을 손안에 넣었다. 그리하여 훈련을 받고 있는 젊은이들도, 작업장이나 휴게실에 모인 노인들도 삼삼오오 시켈리아와 주변 해상의 지도를 그려가며, 리뷔에와 마주보고 있는 해안에 항구와 도시를 구상하기까지 했다. 그들은 전쟁의 목적이 시켈리아를 얻는 데 있다고 생각하지 않았으며 오히려 시켈리아를 작전 기지쯤으로 여겼다. 그리고 그곳을 기점으로 카르타고와 싸워 리뷔에와, 헤라클레스의 기둥 지브랄타 해협 이편에 있는 바다 전체를 소유하고자 했던 것이다.

시민들은 이처럼 굳게 마음을 먹고 있었던 반면 반대편에 있던 니키아스에게는 그의 편에 서서 싸워줄 이도 많지 않았고 영향력 있는 지지자도 없었다. 형편이 좋은 시민들은 해군에 대한 지원금을 아끼려고 한다는 비난이 두려웠기 때문에 마지못해 입을 다물고 있었다. 그래

• 군중의 환영을 받는 알키비아데스. 메리 맥그리거의 『그리스 이야기(Story of Greece)』에 수록된 삽화.

도 니키아스는 굴하거나 약해지지 않았다. 아테나이 사람들이 투표를 통해 전쟁을 벌이기로 결정한 뒤 니키아스를 가장 먼저 장군으로 앉히고 그다음에 알키비아데스와 라마코스를 앉힌 뒤에도 니키아스는 두 번째 열린 민회에서 자리에서 일어나 그 어느 때보다 진지한 자세로 탄원하며 전쟁을 막으려고 했다. 그리고 마지막으로, 알키비아데스가 자신의 이기적인 욕심과 야망을 채우기 위하여 나라를 바다 저편에 도사린 지독한 위험으로 몰아넣고 있다고 비난했다.

그럼에도 니키아스는 아무런 소득을 얻지 못했다. 오히려 연설을 통해 드러난 그의 경험 때문에 전쟁에 더욱 필요한 사람으로 여겨졌다. 니키아스의 말을 들은 사람들은 그의 잘 알려진 조심성이 알키비아데스의 대담무쌍함, 라마코스의 거친 태도와 잘 섞인다면 매우 안정적일 것이라고 생각했던 것이다. 따라서 그는 민회의 첫 투표 결과를 공고히 하는 결과를 가져왔을 뿐이다. 아테나이를 전쟁으로 내모는 데 가장 활발한 활동을 펼쳤던 민중 지도자 데모스트라토스는 니키아스의 연설을 듣고 자리에서 일어나, 니키아스의 입에서 더 이상 껍질뿐인 핑계가 나오게 하지 않겠다고 선언했다. 뒤이어 법령을 제안하고 민중들을 설득하여 찬성표를 던지도록 했는데 이 법에 따라 장군들은 전쟁터뿐만 아니라 나라 안에서도 명령을 내리고 그것을 실행에 옮길 전적이고 독립적인 권력을 갖게 되었다.

XIII.

한편 사제들도 이 원정에 심하게 반대했다고 전해진다. 그러나 알키비아데스가 개인적으로 고용한 수많은 예언자들은 예로부터 전해져 내려오고 있다는 여러 신탁들 가운데 하나를 예로 들며 신탁에 따르면 아테나이 사람들이 시켈리아에서 눈부신 명성을 얻을 것이라고 했다.*

XIV.

니키아스가 원정에 대해 반대표를 던졌으며 헛된 희망에 부풀어, 혹은 장군이라는 지위에 현혹되어 자신의 의견을 뒤집지 않았다는 것은 그가 솔직하고 자제력이 있는 사람이라는 것을 보여준다. 그러나 전쟁을 하고자 하는 사람들의 마음을 바꾸지도 못하고 장군직을 내려놓고자 하는 바람 역시 이루지 못했을 때, 그러니까 시민들이 그를 집어 들다시피 하여 병력의 우두머리에 앉혔을 때 그는 지나친 조심성과 망설임을 버려야 했다. 그러나 그는 배에 오른 뒤에도 어린아이처럼 고향을 바라보며 자신의 논리로 시민들을 설복하지 못한 것을 줄기차게 곱씹고 또 되새겼다.

그리하여 결국 함께 지휘를 맡은 동료들의 사기를 떨어뜨렸고 행동에 나설 적절한 시기를 놓쳤다. 그는 당장 적과 접전을 벌이고 우위를 선점하기 위해 운명을 시험했어야 했다. 그런데 그렇게 하기는커녕 곧장 쉬라쿠사이로 배를 몰아 도시 가까이에서 전투를 하자는 라마코스의 제안이나 먼저 쉬라쿠사이의 동맹국을 친 뒤 쉬라쿠사이로 나가자는 알키비아데스의 제안 모두에 반대했다. 대신 비밀리에 시켈리아의 해안을 따라 섬의 반대편으로 간 다음 병력과 함대를 과시한 뒤 아테나이로 돌아가자고 했다. 그 전에 병사들을 선발해 에게스타 사람들에게 구원을 맛보여 주자고도 했다. 이와 같은 방식으로 니키아스는 부하들의 결의를 느슨하게 하고 사기를 꺾었다.

얼마 후 아테나이가 재판을 위해 알키비아데스를 고향으로 불러들였다. 명목상 라마코스와 지휘권을 나눠 갖고 있었지만 사실상 실권을 쥐고 있던 니키아스는 끊임없이 게으름을 피우고 정처 없이 배를 몰고 다니거나 일부러 이유 없는 회의만 해댔다. 결국 부하들의 생기 넘치던 희망은 퇴색하고 힘을 잃었으며, 아테나이의 병력을 처음 보았을 때 적의 마음을 채웠던 놀라움과 공포는 점차 사그라졌다.

한편 알키비아데스는 아테나이로 떠나기 전 함선 60척을 이끌고 쉬라쿠사이로 갔는데 이 가운데 50척은 앞바다에 배치하여 항구를 지키도록 하고 10척에게는 정찰 임무를 주어 쉬라쿠사이로 노를 저어 가도록 했다. 정찰대는 쉬라쿠사이 사람들에게 레온티니 사람들을 고향으로 돌려보내라고 정식으로 포고하였다.*

XV.

이 일이 있고 얼마 지나지 않아 알키비아데스가 시켈리아를 떠나자 니키아스가 지휘권 전권을 가졌다. 라마코스가 든든하고 존경할 만한 사람인 것은 사실이었고 전투에 나갔다 하면 망설임 없이 온 힘을 다해 싸웠으나 어찌나 가난하고 인색했던지 장군으로서 원정에 나설 때마다 자신의 옷과 신발값까지 나랏돈으로 계산하려고 했다. 반면 니키아스는 무엇보다도 재물과 명성을 가진 덕분에 품격과 무게가 있었다. 어느 날 니키아스는 군사 본부에 모인 동료 지휘관들과 크지 않은 문제에 대해 논의하던 중 장군들 가운데 가장 연장자인 시인 소포클레스에게 먼저 의견을 물었다. 그러자 소포클레스가 말했다.

"내가 나이는 가장 많아도 최고위 장군은 그대 아닌가."

그때와 마찬가지로 시켈리아에서도 니키아스는 라마코스를 휘하에 두고 있었다. 그러나 실은 라마코스가 니키아스보다 더 훌륭한 장군이었다. 니키아스는 늘 그래왔듯 머뭇거리며 조심스럽게 병력을 다루었다. 제일 먼저 시켈리아에서 가능한 멀리 떨어진 채 섬 주변을 항해함으로써 적에게 용기를 심어 주었고, 그다음에는 보잘것없는 작은 도시 휘블라를 공격한 뒤 빼앗지도 않고 배를 돌려 적의 무한한 비웃음을 샀다. 마지막으로 이
방 민족의 요새인 휙카라를 정복하는 것 이외에는 아무 성과도 거두지 못하고 카타네로 돌아갔다.*

XVI.

여름이 다 지났을 무렵 니키아스는 쉬라쿠사이 사람들이 마침내 용기를 내어 선제공격에 나서려고 한다는 소식을 들었다. 그때 이미 쉬라쿠사이의 기병들은 겁 없이 아테나이 진영으로 말을 몰고 와, 레온티니 사람들에게 고향을 되찾아주러 온 것인지 카타네 사람들과 함께 살러 온 것인지 묻곤 했다.

마침내 니키아스는 내키지 않는 마음으로 쉬라쿠사이를 공격하러 나섰다. 계획에 따라, 그리고 적의 훼방에 대한 걱정 없이 병력을 배치하기 위해 그는 비밀리에 카타네 사람 하나를 쉬라쿠사이로 보냈다. 그가 전한 내용은 다음과 같았다.

"정해진 날에 전군을 이끌고 카타네로 오면 아테나이 군의 진영과 장비가 무방비 상태에 있는 것을 발견할 수 있을 것이다. 아테나이 사람들이 대부분의 시간을 보내는 카타네에는 쉬라쿠사이를 응원하는 사람들이 있는데, 그들은 쉬라쿠사이 군대가 다가오는 것이 보이는 대로 성문을 확보하고 아테나이 함대에 불을 지를 준비가 되어 있다. 음모에 가담한 이들은 적지 않고 쉬라쿠사이 군대가 오기만을 기다리고 있다."

이것은 니키아스가 시켈리아에서 보인 최고의 전술이었다. 그는 적으로 하여금 전군을 이끌고 도시를 비우게 만들었고 도시는 무방비 상태가 되었다. 그동안 니키아스 자신은 카타네를 떠나 적의 항구를 손에 넣은 뒤 진영을 칠 곳을 찾았다. 그가 찾은 곳은 아테나이 기병대보다 우월한 쉬라쿠사이의 기병대가 입힐 피해를 최소화할 수 있는 위치였다. 반대로 그가 가장 신뢰하는 부대를 이용하는 데 방해받지 않을 곳이었다. 쉬라쿠사이 사람들이 카타네로부터 허겁지겁 돌아와 고향 앞에 전투 대형을 맞추어 섰을 때 니키아스는 재빠르게 적을 공격했고 승리를 얻었다. 그가 수많은 전사자를 낸 것은 아니다. 적의 기병대가 추격을 막았기 때문이다. 단지 강을 가로지르고 있던 다리를 조각내고 파괴한 것으로 만족해야 했다. 이것은 쉬라쿠사이 군의 사기를 돋우려는 헤르모크라테스로 하여금 다음과 같이 말하게 만들었다.

"니키아스는 전투를 하지 않기 위해 온갖 우스꽝스러운 짓을 일삼을 것이다. 애초에 전쟁을 치르기 위해 바다를 건너온 것이 아니라는 듯 말이다."

그럼에도 니키아스가 쉬라쿠사이 사람들에게 경악과 공포를 심어준 것은 사실이다. 그리하여 쉬라쿠사이 사람들은 당시 관직에 있던 장군 열다섯 명 이외에도 세 명을 더 선출하였고 시민들은 그들에게 전적이고 독립적인 지휘권을 주기로 맹세하였다.

한편 제우스의 신전 올륌피에이온이 코앞이었고 아테나이 사람들은 금은의 봉헌물로 가득한 이곳을 탈취하러 나섰다. 그러나 니키아스는 의도적으로 작전을 연기했고 그 사이 때를 놓쳤다. 쉬라쿠사이의 수비대가 올륌피에이온으로 들어간 것이다. 니키아스는 아테나이 병사들이 신전의 보물을 약탈한다면 나라에 도움이 될 리가 없으며 더구나 자신에게 그 신성모독 행위에 대한 책임이 돌아올 것을 두려워하고 있었다.

또 니키아스는 떠들썩한 승리를 하고도 그것을 이용할 줄 몰랐다. 오히려 며칠이 지난 뒤 다시 낙소스로 물러나 거기서 겨울을 보냈다. 거대한 병력을 유지하기 위해 많은 돈을 지출하고 있었지만, 그의 편에 서는 것을 고민 중이던 몇몇 시켈리아 사람들과의 협의는 진전될 줄을 몰랐다. 따라서 쉬라쿠사이 사람들은 또다시 용기를 내서 카타네로 진군하였고 근방을 약탈한 뒤 아테나이 진영이 있었던 자리를 불태웠다.

사람들은 입을 모아 이러한 일들이 니키아스의 탓이었다고 말한다. 그가 지나치게 계산하고 망설이고 조심하느라 적시를 영영 놓쳤다는 것이다. 그가 한번 움직이기 시작하면 나무라는 사람은 없었다. 활발히 움직이며 좋은 결과를 가져왔기 때문이다. 그러나 움직이기를 결정하는 데에는 주저함이 많았고 소심했다.

XVII.

아무튼 병력을 다시 쉬라쿠사이로 이동시킬 당시 니키아스는 훌륭한 지휘력을 보이며 빠르고 안전하게 접근했다. 탑소스에 함대를 정박시킨 뒤 몰래 병력을 하선시켰으며 적이 손을 쓰기도 전에 에피폴라이를 빼앗고 방어하러 온 적의 정예부대를 상대로 승리해, 3백 명을 죽이고 심지어 이길 수 없다고 여겨졌던 적의 기병대까지 패주시켰다.

그러나 시켈리아 사람들을 공포로 몰아넣고 헬라스 사람들이 좀처럼 믿을 수 없었던 사실은 그가 아테나이만큼 커다란 쉬라쿠사이를 에둘러 성벽을 지은 것이다. 그 주변 영토가 고르지 못하였기 때문에, 즉 바다와 가깝고 늪지대와 인접해 있었기 때문에 성벽으로 둘러싼다는 것은 몹시 어려운 일이었다. 그러나 그는 이 위업을 달성하는 데 아주 가까이 가 있었다. 그럴 만큼 건강하지도 않았다. 신장에 질병이 있었던 것이다. 성벽의 일부가 미완성이었던 점은 이 건강 문제 탓이었을 것이다. 그럼에도 나는 완성된 부분에 대하여 니키아스 장군의 치밀한 지휘와 병사들의 고귀한 용기를 존경할 수밖에 없다. 아테나이 군이 패배하고 파멸한 뒤에 에우리피데스는 다음과 같은 비문을 썼다.

> 이들은 쉬라쿠사이에서 여덟 차례 승리를 거두었다.
> 신들은 양측 모두의 손을 들어주었으나 그들은 영웅이었다.

사실 아테나이는 쉬라쿠사이를 상대로 여덟 차례가 아니라 훨씬 더 많은 승리를 거두었다. 그러나 에우리피데스의 말대로 신들은, 혹은 운명은 세력이 정점에 다다른 아테나이에게 적의를 보이기 시작했다.

XVIII.

니키아스는 몸이 편치 않았음에도 대부분의 전투에 참가했다. 그러나 하루는 몸이 극도로 쇠약해진 나머지 성벽 안에 있는 침상에서 하인 몇몇의 간호를 받으며 쉬어야 했다. 그동안 라마코스는 군대를 이끌고 쉬라쿠사이와 싸우고 있었다. 적은 쉬라쿠사이의 성벽에서부터 아테나이 사람들이 쌓고 있던 성벽까지 제3의 성벽을 쌓으려고 하고 있었다. 아테나이의 성벽과 교차시켜 성벽이 완성되지 못하게 막으려는 생각이었다.

그러나 전투에서 승리한 아테나이 병사들이 질서 없이 허겁지겁 적을 추격하는 와중에 라마코스가 고립되는 일이 벌어졌다. 엎친 데 덮친 격으로 몇몇 쉬라쿠사이 기병들이 그를 향해 돌진했다. 이들의 우두머리는 전쟁에 능하고 용맹한 칼리크라테스였다. 라마코스는 일대일로 싸우자는 그의 제안을 받아들여 그를 상대했고 치명적인 타격을 입었으나 그 자신 또한 적에게 치명적인 타격을 입혔다. 두 사람은 함께 쓰러져 죽음을 맞았다. 쉬라쿠사이 병사들은 라마코스의 시신과 갑옷을 챙겼다. 그런 다음 니키아스가 머물고 있었던 아테나이 진영의 성벽을 향해 돌진했다. 니키아스에게 도움을 줄 사람은 아무도 없었다.

닥친 위험을 목도한 니키아스는 마지못해 침상에서 일어났고 수행원을 시켜, 공격용 장비를 만들기 위해 여기저기 흩어 놓았던 목재에 불을 붙이게 했다. 그러자 쉬라쿠사이 병사들은 공격을 멈추었고 니키아스와 성벽, 비축된 물자까지 모두 무사할 수 있었다. 거대한 불길에 가로막힌 쉬라쿠사이 사람들이 후퇴했기 때문이다.

이렇게 니키아스는 유일한 장군이 되었으나 희망은 커져만 갔다. 여러 도시들이 그의 편에 서는 쪽으로 기울었으며 사방에서 곡식으로 가득 찬 배들이 그의 진영으로 왔다. 누구든 성공할 만한 사업에는 서둘러 뛰어들고자 하는 법이다. 게다가 이미 나라를 포기한 몇몇 쉬라쿠사이 사람들이 온갖 협약을 제안하기 시작했다.

한편 스파르테 사람 귈립포스는 쉬라쿠사이를 도우러 가고 있었다. 항해 도중 쉬라쿠사이가 성벽 안에 갇히는 등 극심한 곤경에 처해 있다는 소식이 들려왔지만 귈립포스는 배를 돌리지 않았다. 그러나 그는 시켈리아가 아테나이 손에 들어갔다는 사실을 믿어 의심치 않았고 잘해야 이탈리아 땅의 헬라스 도시들을 구할 수 있을지 모르겠다고 생각했다.

아테나이 군대가 매우 강력하며, 뛰어난 판단력과 행운을 두루 갖춘 장군의 지휘 아래 있다는 소문은 널리 퍼져 있었고 신뢰할 만한 것이었기 때문이다.

니키아스마저도 행운이 계속되자 곧 평소 성격과 달리 담대해졌다. 무엇보다도, 적이 곧 조건부 항복을 하리라는 굳은 믿음을 갖게 되었다. 비밀리에 그를 찾아온 쉬라쿠사이 전령들을 통해 알아낸 바였다. 그래서 다가오는 귈립포스에 대해서는 전혀 신경을 쓰지 않았다. 심지어 그가 오는지 적절한 감시조차 하지 않은 것이다.

아테나이 군이 자신을 철저히 무시하고 얕보고 있다는 것을 안 귈립포스는 몰래 해협을 지나 쉬라쿠사이에서 가장 멀리 떨어진 지점에 정박해 꽤 많은 병력을 모았다. 쉬라쿠사이는 그가 도착했다는 사실도 몰랐을 뿐더러 그가 오기를 기대하고 있지도 않았다. 오히려 니키아스와 협의할 내용에 대해 논의하기 위해 민회를 소집했으며 몇몇 사람들은 도시가 완전히 성벽에 포위당하기 전에 협약을 끝내야 한다는 생각에 이미 서둘러 민회로 향하고 있었다. 완성되지 않은 부분은 크지 않았으며 완성하는 데 필요한 모든 재료는 그 자리를 따라 이미 놓여 있었기 때문이다.

XIX.

그러나 이 아슬아슬하고 위태로운 위기의 순간 코린토스에서 곤귈로스가 트리에레스 단 한 척만을 이끌고 나타났다.* 사람들은 당연히 그를 만나러 몰려나왔고 그는 귈립포스가 금방 도착할 것이며 다른 함선들도

---

* 쉬라쿠사이는 코린토스 사람들이 세운 도시이다.

힘을 보태러 오고 있다고 말했다. 시민들이 곤귈로스의 말에 절대적인 신뢰를 보내기도 전에 귈립포스가 보낸 전령이 찾아와, 귈립포스가 도착했으며 쉬라쿠사이 병력이 성 밖으로 나와 그와 합류하기를 바라고 있다고 전했다. 용기를 얻은 쉬라쿠사이 사람들은 다시 무기를 집어 들었다. 귈립포스는 성벽 앞에 다다르자마자 병사들을 전투 대형으로 배치했다. 그러나 니키아스가 물러서지 않고 대형을 이루어 맞서자 귈립포스는 잠시 무기를 거두고 아테나이 군에게 전령을 보내 시켈리아에서 떠나기만 한다면 무사히 보내주겠다고 전했다.

니키아스는 아무런 대답도 하지 않았다. 그러나 병사들 가운데 일부는 전령을 비웃으며 묻기를 고작 한 사람이 스파르테 옷을 입고 지팡이를 들었다고 해서 아테나이 군대를 조롱해도 될 만큼 쉬라쿠사이의 미래가 갑자기 밝아졌다고 생각하느냐고 했다. 그들은 또 아테나이가, 귈립포스보다 더 힘이 세고 머리카락이 긴 라케다이몬 사람 3백 명에게 족쇄를 채워 감옥에 가두었다가 이후 송환했던 일을 자랑하는 것도 잊지 않았다.

아무튼 첫 번째 전투에서는 아테나이가 승리했다. 그들은 몇 안 되는 쉬라쿠사이 병사들을 죽이고 코린토스 사람 곤귈로스도 무찔렀다. 그러나 다음 날 귈립포스는 경험이 얼마나 훌륭한 것인지 보여주었다. 동일한 보병대와 동일한 기병대를 데리고 동일한 지형 조건에서 싸웠으나 전과 똑같이 싸우지 않고 전술을 바꾸어 아테나이 군을 정복한 것이다. 그리고 아테나이 병사들이 진영으로 후퇴하자 이를 추격하는 쉬라쿠사이 병사들을 멈추고 적이 사용하려고 가져다 두었던 바위와 나무를 이용해 아테나이의 성벽과 교차할 때까지 이에 수직으로 벽을 쌓았다. 아테나이는 우월한 군사력을 미처 써보지도 못했다.

이 전투가 있고 쉬라쿠사이 사람들은 용기를 내어 배에 병사들을 배치했다. 한편 쉬라쿠사이와 동맹국의 기병대는 돌아다니며 공격자들을 차단했다. 귈립포스 또한 직접 시켈리아의 여러 도시들을 방문하여 선동하고 연합하여 그들이 열렬히 동조하게 만들었다.

따라서 니키아스는 전쟁 초반에 가졌던 생각으로 되돌아갔고 역전된 전세를 실감하며 좌절했다. 그리고 아테나이로 전령을 급파해, 추가 병력을 보내든지 이미 시켈리아에 있는 병력을 불러들일 것을 권했다. 그리고 어떻게 되든 병에 걸린 자신을 장군직에서 물러날 수 있게 해달라고 했다.

XX.

전투가 있기 전에도 아테나이 사람들은 시켈리아에 추가 병력을 보낼 준비를 하고 있었지만, 니키아스가 초반에 얻은 행운에 시기심을 느꼈던 지도자들이 여러 가지 이유로 파병을 늦추고 있었다. 그러나 니키아스의 소식을 듣고는 원군을 보내고자 안달이었다. 따라서 봄이 오는대로 데모스테네스가 대규모 병력을 이끌고 바다로 나가기로 결정되었으며 겨울 동안은 에우뤼메돈이 보다 적은 병력을 이끌고 도우러 가기로 했다. 에우뤼메돈은 또한 자금을 보충해 주고 니키아스의 새로운 동료 지휘관들을 발표할 임무도 띠고 있었다. 동료 지휘관들은 이미 원정을 떠나 있는 사람들 중에 선발되었는데 에우튀데모스와 메난드로스가 그들이었다.

그러나 그동안 니키아스는 땅과 바다 모두에서 갑작스러운 공격을 받았다. 그의 함대는 첫 싸움은 패배했으나 곧 적을 물리치는 데 성공했고 적의 함선 여러 척을 침몰시켰다. 그러나 플렘뮈리온에 위치한 그의 수비대에게 원군을 보내는 데에는 한발 늦었다. 따라서 그곳은 기습적으로 덮쳐온 귈립포스의 손에 들어갔다. 플렘뮈리온에는 함대를 위한 온갖 물자와 자금이 보관되어 있었는데 귈립포스는 이 모든 것을 빼앗았고 그것으로도 모자라 많은 병사들을 죽이고 또 포로로 잡았다.

무엇보다 중요한 것은 그가 니키아스로부터, 손쉽게 군수 물자를 얻을 길을 빼앗았다는 것이다. 니키아스는 아테나이 사람들이 플렘뮈리온을 지키고 있는 한 그곳을 지나 안전하고 빠르게 물자를 들여올 수 있었는데 그곳에서 쫓겨난 뒤로 물자를 들여오는 일은 쉽지 않았고 매번 거기 정박해 있는 적과 싸워야 했다. 엎친 데 덮친 격으로 쉬라쿠사이는 자신들의 함대가 패한 이유를 적의 우월한 군사력에서 찾지 않았고 오히려 적을 무질서하게 추격한 데에서 찾았다. 따라서 그들은 재차 맞붙어 보고자 더 열띤 준비를 했다.

그러나 니키아스는 해전을 원하지 않았다. 대규모 병력이 그들을 도우러 오고 있고 데모스테네스가 이끄는 병력이 곧 당도할 터인데, 물자도 부족한 판에 열등한 병력으로 싸운다는 것은 큰 잘못이라고 주장한 것이다. 그러나 막 장군으로 임명된 메난드로스와 에우튀데모스는 둘 다 서로에게, 그리고 니키아스에게 심한 경쟁심을 느끼고 있었다. 그들은 데모스테네스가 오기 전에 눈부신 업적을 이루고자 했으며 그로써 니키아스를 누르고자 했다. 따라서 그들은 아테나이의 체면을 강조했다. 쉬라쿠사이 함대가 공격을 해왔을 때 두려움을 보인다면 아테나이의 체면이 구겨지는 것으로 모자라 사라져 버릴 것이라고 거듭 주장한 것이다.

이렇게 그들은 해상 전투를 하기로 억지로 결정했다. 그러나 코린토스 출신의 선장 아리스톤은 이들을 간단히 제압해 버렸다. 투퀴디데스에 따르면 아리스톤은 점심 식사를 하는 척하다가 아테나이를 급습했다. 아테나이는 여러 병사를 잃고 패주했다.

니키아스는 극심한 좌절감에 빠졌다. 홀로 지휘할 때에도 재앙을 만났

건만 동료에 의해 또다시 곤경에 빠진 것이다.

XXI.

데모스테네스가 항구 저편에 나타난 것은 바로 이때였다. 줄지어 선 그의 함대는 휘황찬란했으며 적에게는 극도의 공포심을 불어넣었다. 그는 전함 일흔세 척에 중장비 보병 5천을 싣고 왔으며 그 밖에도 창을 던지는 병사, 활을 쏘는 병사, 투석을 하기 위한 병사 등이 적어도 3천 명이었다. 데모스테네스의 번쩍이는 갑옷과 트리에레스에 달린 아테나이의 문장, 그리고 수많은 키잡이와 피리 부는 병사들이 연출하는 눈부신 장관을 목격한 적은 절망감에 얼어맞은 듯했다. 자연스럽게 공포감이 쉬라쿠사이 사람들을 다시 지배하기 시작했다. 그들은 위험이 영영 사라지지 않을 것이며 앞길에는 헛된 노력과 무분별한 자기 파괴만이 도사리고 있다고 여겼다.

그러나 새로 도착한 병력에 대한 니키아스의 기쁨은 오래가지 않았다. 첫 번째 열린 군사 회의에서 데모스테네스가, 당장 적을 공격하여 전쟁을 신속히 마무리 지어야 한다고 강력하게 주장했기 때문이다. 데모스테네스는 쉬라쿠사이를 점령할 게 아니면 고향으로 돌아가야 한다는 생각이었다. 데모스테네스의 이와 같은 저돌적인 용기에 놀라움과 두려움을 감출 수 없었던 니키아스는 어떤 경우에도 성급하거나 어리석은 행동을 해서는 안 된다고 애원하듯 말했다.

니키아스의 말에 따르면 시간을 끌수록 적은 손해를 보게 되어 있었다. 적은 자금도 부족했고 적의 동맹국들도 더 이상 곁을 지키지 않으려고 했다. 따라서 적이 처한 곤경 그 자체만으로 적을 괴롭혀도 그들은 전과 같이 협의를 하러 올 터였다. 실로 니키아스와 비밀리에 접촉하고 있던 쉬라쿠사이 사람들은 적지 않았다. 그들은 쉬라쿠사이 사람들이 이미 전쟁에 지쳐 있으며 귈립포스에 대한 불만을 키워가고 있다고 전했다. 결핍 상태가 조금만 더 심해지면 완전히 항복할 터이니 때를 기다리라고 권한 것이다.

그러나 니키아스는 이와 같은 내용의 일부는 넌지시 암시하고 일부는 전혀 공개하려고 하지 않았기 때문에 다른 장군들로부터 비겁하다는 오해를 받았다. 그들은 니키아스가 전과 똑같은 방식만 되풀이하고 있다고 했다. 미루고 연기하고 사소한 문제에 집착한다고 했다. 또 그가 적을 단번에 공격하지 않아 황금 같은 기회를 놓쳤으며 군의 사기를 떨어뜨려 적의 비웃음을 샀다고 했다. 그리하여 다른 장군들은 데모스테네스의 편을 들었고 니키아스는 억지로 물러서야 했다.

이에 따라 데모스테네스는 보병대를 데리고 밤을 틈 타 에피폴라이를 공격했다. 갑작스러운 공격에 당황한 적의 일부는 죽음을 맞았고 맞서 싸운 병사들은 패주했다. 첫 승리를 쟁취한 데모스테네스는 거기서 그치지 않고 더 깊게 밀고 들어갔으며 이윽고 보이오티아인들과 맞서게 되었다. 보이오티아 사람들은 적병들 가운데 처음으로 전투 대형을 갖추고 섰으며 창을 옆구리에 붙인 채 고함을 지르며 아테나이 군을 향해 돌진했다. 그 자리에서 여러 아테나이 병사들이 죽었고 여럿이 뒤로 후퇴했다.

그러자 공격을 하고 있던 아테나이 군은 충격과 혼란에 휩싸였다. 잘 싸우고 있던 병사들은 후퇴하려는 병사들에 가로막혔고 공격을 하려고 다가오던 후방의 병사들은 당황하여 쩔쩔매는 병사들에 의해 뒤로 밀려나 뒤엉키고 말았다. 후퇴하는 자를 추격하는 자로, 아군을 적군으로 오인했기 때문이다. 두려움과 무지로 인해 뒤얽힌 아테나이 병사들은 착시까지 겹쳐 끔찍한 혼란과 재앙으로 빠져들었다. 때마침 칠흑같이 어둡

지도 않았고 달빛이 밝지도 않았기 때문이다. 달은 수평선 위로 낮게 걸려 있었고 달빛 아래 움직이는 수많은 무장한 병사들로 인해 부분적으로 가려져 있었다. 나아가 어두운 달빛은 적에 대한 두려움과 겹쳐 아군들마저도 서로를 의심하게 만들었다. 도대체 형체를 제대로 알아볼 수가 없었기 때문이다. 엎친 데 덮친 격으로 아테나이 군은 어쩌다 달을 등지고 서게 되었는데 그 때문에 앞에 있는 아군 병사들 위로 그림자가 드리워져 그 규모와 번쩍이는 무기가 드러나지 못했다. 반면 적의 경우에는 달빛이 방패에 비쳐 실제보다 훨씬 그 수가 많게 느껴졌으며 더 화려해 보였다.

• 쉬라쿠사이 군에 짓밟히고 있는 아테나이 병사들.

마침내 아테나이 군이 주춤하자 적은 사방에서 공격을 감행하였고 아테나이 군은 도망을 시작했다. 일부는 추격해 오는 적의 손에 죽었고 일부는 아군의 손에 죽었으며 또 일부는 절벽에서 굴러 죽음을 맞았다. 뿔뿔이 흩어져 떠돌게 된 도망자들은 날이 밝자 적의 기병들에게 붙잡혀 토막 나 죽었다. 전사자는 총 2천 명이었고 살아남은 병사들 가운데도 목숨과 무기를 모두 건진 사람은 드물었다.

XXII.

　니키아스가 사건을 전해 듣고 압도된 것은 물론이나 전혀 예상치 못한 일은 아니었다. 그는 데모스테네스의 성급함을 비난하였고 데모스테네스는 이를 변명한 뒤 최대한 서둘러 철수해야 한다고 주장했다. 지원받을 병력은 더 이상 없었고 가진 병력으로 적을 완전히 굴복시킬 방법은 없었기 때문이다. 또, 이어진 전투에서 승리한다고 해도 기존의 위치를 버리고 진영을 옮기지 않을 수 없었다. 기존의 장소가 진영을 치기에는 나쁘고 해로운 곳이라는 것은 전부터 알려진 사실이었다. 계절에 따라서는 치명적일 수도 있었다. 가을이 막 시작되고 있었다. 이미 여러 병사들이 병에 걸려 있었고 전군이 사기가 떨어져 있었다.

　그러나 니키아스는 차마 배를 이끌고 도망가자는 주장에 동조할 수 없었다. 쉬라쿠사이 사람들을 두려워하지 않았기 때문이 아니라 아테나이 사람들의 처벌과 비난이 더욱 두려웠기 때문이다. 니키아스는 그대로 그 자리에 남는다면 끔찍한 일이 벌어질 가능성은 적다고 주장했고 설령 최악의 상황이 오더라도 동료 시민의 손에 죽기보다 적의 손에 죽고 싶다고 했다. 이것은 뷔잔티온 출신의 레온의 생각과는 달랐다. 그는 훗날 동료 시민들에게 이렇게 말했다.

　"저는 여러분과 함께 죽기보다 여러분의 손에 죽겠습니다."

　그러나 진영을 옮길 정확한 위치를 정하는 문제에 대하여 니키아스는 여유를 두고 생각해 보자고 했다. 이전의 작전을 성공으로 이끌지 못한 데모스테네스는 주장을 굽혔다. 그러자 나머지 장군들은 니키아스가 도시에 있는 정보책을 통해 믿을 만한 정보를 입수했으며, 그것이 아니라면 후퇴하자는 제안에 대하여 그토록 꿋꿋이 맞설 리 없다고 여기게 되었다. 그러나 곧 쉬라쿠사이 사람들을 도우러 새로운 지원군이 도착했고 아테나이 사람들 사이에 계속해서 질병이 퍼져 나갔기 때문에 마침내 니키아스는 진영을 옮기기로 결정하고 병사들에게 명령하여 항해할 준비를 하라고 일러두었다.

XXIII.

아테나이 군이 진영을 움직일 것이라고 예상치 못한 적이 감시조차 하고 있지 않은 가운데 이동을 위한 모든 준비가 끝나가고 있었다. 그러던 어느 날 밤 월식이 일어났다. 이 사건은 니키아스를 비롯하여, 그러한 광경에 벌벌 떨 만큼 무지하거나 미신에 약한 사람들에게 크나큰 두려움으로 다가왔다. 월말에 가까워 일식이 일어나는 현상에 대해서는 어쨌거나 달이 그 원인이라는 것이 이미 밝혀져 있었고 보통 사람들도 이를 알고 있었다. 그러나 달이 도대체 무엇에 가려졌으며 한껏 차오른 달이 왜 갑자기 빛을 잃고 온갖 다른 색을 발하는지 그것은 이해하기 쉬운 일이 아니었다. 사람들은 이를 불가사의한 현상, 즉 크나큰 재앙을 앞두고 신이 보낸 징조라고 여겼다.*

그러나 당시 니키아스에게는 전문적인 예언가도 없었다. 니키아스의 동료이자 그의 미신을 떨쳐 주던 스틸비데스가 죽은 지 얼마 되지 않은 시점이었기 때문이다. 필로코로스의 의견에 따르면 월식은 도망하려는 자들에게 불리하기는커녕 오히려 매우 상서로운, 하늘의 징조였다. 공포가 유발하는 행위는 은폐되어야 마땅하고 그런 자들에게 빛은 곧 적이기 때문이다.

아우토클레이데스가 그의 『해설서』에 썼듯이, 해와 달이 드러내는 조짐은 단 사흘만 조심하면 되는데 니키아스는 아테나이 사람들을 설득해 달이 새 주기를 시작하기를 기다리자고 했다. 달은 지구가 그림자를 드리우고 있던 지역을 지나자마자 예전의 순수와 광채를 회복한다는 것을 모르고 있었던 탓이다.

XXIV.

니키아스가 거의 모든 일을 멈추고 제사와, 신의 뜻을 점치는 데 몰두하고 있는 동안 적이 코앞으로 다가왔다. 적의 보병대는 니키아스의 성벽과 진영을 포위했고 적의 함대는 주변 항구를 빼앗았다. 트리에레스를 탄 쉬라쿠사이의 병사들뿐만 아니라 낚싯배와 소형 선박을 탄 소년들까지 아테나이 군을 자극하고 비난하며 사방에서 몰려들었다.

이들 가운데 꽤 이름 있는 집안의 아이 헤라클레이데스는 남들보다 앞서 배를 몰고 가고 있었다. 앗티케의 배가 여기 따라붙어 아이를 사로잡으려는 찰나, 아이의 삼촌 폴리코스가 조카의 안전을 지키기 위해 휘하의 트리에레스 열 척을 이끌고 방어에 나섰다. 이어서 폴리코스의 안전을 걱정한 다른 장군들이 전투에 가담했다. 이렇게 치열한 해전이 벌어졌다. 쉬라쿠사이가 승리했으며 에우뤼메돈을 비롯한 여러 사람들이 적의 손에 죽음을 맞았다.

이리하여 더 이상 그 곳에 남을 수 없게 된 아테나이 병사들은 장군들을 향해 큰 소리로 애원하며 육로로 후퇴하자고 했다. 쉬라쿠사이 사람들이, 승리한 직후 항구의 길목을 막아 봉쇄해 버렸기 때문이었다.

그러나 니키아스는 여기 동의할 수 없었다. 그토록 많은 수송선과 2백 척이 넘는 트리에레스를 내팽개치는 것은 끔찍한 일이었다. 그리하여 최고의 보병들과 투창 실력이 가장 뛰어난 병사들을 트리에레스 110척에 태웠다. 나머지 90척에는 노가 없었다. 그런 뒤 그는 나머지 병력을 항구의 해안가에 주둔시키고 주 진영에서 철수했다. 진영과 헤라클레이온을 연결하고 있던 성벽도 포기했다. 이렇게 되자 그동안 헤라클레스에게 제사를 올리지 못하고 있던 쉬라쿠사이 사람들은 관습대로 제사를 올렸다. 사제들과 장군들은 병사들이 트리에레스에 승선하는 동안 제사를 위해 신전으로 올라갔다.

XXV.

예언자들은 곧바로 제물을 바치고 쉬라쿠사이 사람들에게 예언했다. 먼저 공격하지 않고 방어 태세만 취하면 눈부신 승리를 할 것이라는 내용이었다. 그들의 말에 따르면 헤라클레스 역시 수세를 취하고 상대방이 공격하기를 기다렸기 때문에 언제나 승리할 수 있었다. 고무된 쉬라쿠사이 사람들은 바다로 나아갔다.

이어진 해상 전투는 그동안 양측이 벌인 그 어떤 전투보다 규모가 컸고 치열했으며 바라보고만 있는 사람들에게도 전투를 하는 사람들과 똑같은 흥분을 가져왔다. 전투가 눈에 띄는 곳에서 벌어졌으며 예기치 못한 방향으로 다양하고 급격하게 변화하고 뒤바뀌며 전개되었기 때문이다. 또 아테나이 사람들은 적의 무기만큼이나 자신들의 장비에 피해를 입었다. 가볍고 재빠른 적의 배가 사방에서 한꺼번에 달려들었기 때문인데 아테나이의 함대는 무겁고 둔했으며 한데 몰려 있었던 것이다. 게다가 적은 아테나이 함대를 향해 돌을 퍼부었는데 돌은 어디에 떨어지든지 효과를 발휘했다.

반면 창과 화살에만 의존한 아테나이 사람들은 흔들리는 파도 때문에 무기를 제대로 던질 수 없어서 잘 적중시키지 못했다. 쉬라쿠사이 사람들의 전투 방법은 코린토스 출신 선장 아리스톤이 전수한 것인데 그는 전투가 벌어지는 동안 열정적으로 싸웠으나 쉬라쿠사이가 승세를 타기 시작할 찰나 안타깝게 죽음을 맞았다.

아테나이 사람들은 도망칠 바닷길마저 막히는 참패를 겪었다. 육지에서도 살아날 가망은 희미해 보였기에 적이 코앞에서 아군의 배를 끌고 가는 데도 막지 않았으며 죽은 자를 거두게 해달라고 부탁하지도 않았다. 시급한 것은 전사자를 매장하는 것이 아니었다. 살아남은 사람들은 병자와 부상자를 내팽개치고 가야 하는 훨씬 더 처참한 상황을 겪어야 했으며 죽은 전우들보다 그들 자신의 처지를 더 불행하다고 여겼다. 온갖 괴로움을 겪은 뒤 결국 같은 종말을 맞을 것이 뻔했기 때문이다.

XXVI.

생존자들은 밤을 틈타 빠져나갈 계획을 세웠다. 이 가운데 귈립포스는 쉬라쿠사이 사람들이 승리를 기념하고 헤라클레스 축제를 위해 의식과 행사를 벌이느라 정신이 팔린 것을 보았다. 그러나 그들에게 당장 축제를 멈추고, 도망치려는 적을 공격하라고 설득하거나 강요하는 것은 소용이 없을 것 같았다.

반면 헤르모크라테스는 누가 시키지도 않았는데 니키아스를 골탕 먹일 방법을 생각해냈다. 동료 몇 명을 니키아스에게 보낸 것인데 그들은 그동안 니키아스와 은밀한 회동을 가졌던 사람들이 보내서 온 척하며 니키아스를 안심시켰다. 그리고 니키아스가 밤중에 길을 떠나지 못하도록 말렸다. 퇴로를 미리 점령한 쉬라쿠사이 사람들이 덫을 놓고 기다리고 있기 때문이라고 했다.

니키아스는 이 속임수에 깜빡 넘어가 오히려 적의 거짓말이 경고했던 바로 그 상황에 빠지게 되었다. 쉬라쿠사이 사람들은 날이 밝자 길이 험한 곳을 미리 확보하고 강물이 얕은 곳에 수비를 보강했으며 다리를 파괴하고 열린 들판에는 기병대를 배치해, 아테나이 사람들이 싸우지 않고는 전진할 수 없게 만들었다.

따라서 그날 하루, 그리고 이어진 밤이 지나가기를 기다릴 수밖에 없었던 아테나이 사람들은 날이 밝자, 적의 영토가 아닌 고향 땅을 떠나는 사람들처럼 울부짖고 슬퍼하며 걸음을 옮겼다. 생필품이 부족했던 데다 가망이 없는 친구와 동료들을 두고 떠나야 했기 때문이다. 그러나 사람들은 그 같은 슬픔이 다가올 운명에 비하면 가볍다고 생각했다. 그 밖에도 진영에서는 여러 끔찍한 광경이 펼쳐졌다. 그 가운데 가장 딱한 모습은 니키아스 자신의 처지였다. 그는 질병으로 쇠약해진 데다 지위에 어울리지 않게 제대로 먹지도 못해 비쩍 마른 상태였다. 병세 때문에 더욱 간절하게 필요했던 휴식조차 조금도 누리지 못하고 있었다.

그러나 니키아스는 그토록 쇠약해진 몸을 이끌고도 멀쩡한 사람조차 견디어내지 못할 일들을 계속했고 병사들은 그것이 니키아스 자신을 위한 것도, 삶에 대한 애착에서 비롯된 것도 아니라는 것을 잘 알 수 있었다. 그가 희망을 버리지 않은 것은 바로 병사들을 위해서였던 것이다. 나머지 사람들이 곡을 하고 눈물을 그치지 않은 것은 공포와 불안 때문이었으나 니키아스가 그렇게 한 것은 분명, 위대하고 눈부신 승리로 끝맺고자 했던 원정이 수치스러운 불명예로 마무리되었기 때문이었다.

사람들이 니키아스의 딱한 처지를 더욱 안타깝게 여긴 것은 그의 겉모습 때문만이 아니었다. 원정을 막기 위해 강력하게 자기 주장을 펼치고 상대방을 설득시키려 애썼던 니키아스의 예전 모습이 떠올랐기 때문이기도 했다. 그토록 독실했으며 그토록 위대하고 눈부신 종교 행사를 집행한 니키아스가 이름 없는 졸병과 다를 것 없는 운명 앞에 선 것을 본 아테나이의 병사들은 신들께 도움을 바랄 용기조차 나지 않았다.

XXVII.

 그럼에도 슬픔에 빠진 병사들을 말과 눈빛, 따뜻한 몸짓으로 다독인 사람은 다름 아닌 니키아스였다. 그리고 여드레 동안 행군을 계속하며 적으로부터 날아온 창과 화살을 막아내면서도 니키아스는 패배를 용납하지 않았다. 그러나 그것은 데모스테네스와 그의 부대가 붙잡히기 이전의 사정이다. 데모스테네스의 부대는 전투 중에 뒤로 처졌으며 폴뤼젤로스의 사유지 내에서 포위당했다. 데모스테네스는 칼을 뽑아 자신을 내리쳤으나 목숨을 끊는 데 실패했다. 적이 빠르게 다가와 그를 붙잡았기 때문이다.

 쉬라쿠사이 사람들이 접근하여 니키아스에게 이 소식을 전했을 때 그는 먼저 기병들을 보내 데모스테네스의 부대가 정말로 붙잡혔는지 확인했다. 그런 다음 귈립포스에게 평화 조약을 제안했다. 쉬라쿠사이 사람들이 전쟁에 들인 비용만큼 볼모를 제공할 테니 아테나이 병사들이 무사히 시칠리아를 빠져나갈 수 있도록 해달라고 요청한 것이다. 그러나 적은 니키아스의 제안을 고려조차 하지 않았다. 오히려 거만한 태도로 화를 내며 니키아스를 비난하고 모욕했으며 그의 극도로 궁핍한 처지를 보고도 계속해서 화살을 쏘아댔다.

 그러나 그날 밤에도 다음 날에도 그는 공격을 버티어냈고 쏟아지는 화살 속에서도 마침내 아시나로스 강에 이르렀다. 거기서 병사들 일부는 적에 밀려 강물에 빠졌고 앞에서 도망치던 다른 이들은 목이 마른 나머지 물속에 몸을 던졌다. 강물 속에서 극도로 잔혹한 대학살이 벌어졌고 병사들은 물을 마시다 죽음을 맞았다. 마침내 니키아스가 귈립포스의 발치에 무릎을 꿇고 외쳤다.

 "그대가 승리했으니 자비를 베푸시오, 귈립포스 장군. 내게 베풀라는 것이 아니오. 나는 이미 여러 번 대승하여 명예와 명성을 얻었으니 더 바랄 것이 없소만 다른 아테나이 병사들은 그렇지 않소. 전쟁이라는 것은 운에 따라 이길 수도, 질 수도 있는 것이오. 아테나이 사람들이 운이 좋아 이기고 있을 당시 그대들을 온화하고 상냥한 태도로 대했던 것을 기억하시오."

니키아스는 이렇게 말했고, 귈립포스도 어느 정도 양심의 가책이 없지 않았다. 아테나이와 라케다이몬이 평화 협정을 맺었을 당시 니키아스가 라케다이몬을 후하게 대접해 주기도 했을 뿐더러 적의 장군을 생포해 간다면 자신의 명성에도 도움이 될 것 같았기 때문이다. 따라서 그는 니키아스를 일으켜 세우고 격려의 말을 건넨 다음 남은 병사들을 생포하라는 명령을 내렸다. 그러나 명령이 전달되는 데 상당한 시간이 걸렸으므로 목숨을 구한 병사들은 죽은 병사들보다 많지 않았다. 게다가 귈립포스 휘하의 병사들은 여러 아테나이 병사들을 빼돌려 숨겨 두었다.

포로들은 한데 집결되었고 강둑에 위치한 가장 아름답고 키가 큰 나무들에는 아테나이 군으로부터 빼앗은 갑옷이 내걸렸다. 승자들은 제 손으로 승리의 관을 만들어 쓰고 군마를 눈부시게 장식했으며 정복한 적의 말은 털을 깎은 다음 이끌고 입성했다. 그들은 헬라스 사람들 사이에서 벌어진 전투 가운데 가장 치열한 싸움을 성공으로 이끈 자들이었으며 열의와 용맹을 누구보다 압도적이고 적극적으로 과시하며 가장 완벽한 승리를 거둔 사람들이었다.

XXVIII.

쉬라쿠사이와 동맹국 사람들이 모인 전체 회의에서 민중 지도자 에우뤼클레스는 첫째, 니키아스를 붙잡은 날을 성스러운 날로 정할 것을 제안했다.* 그리고 둘째, 아테나이 군이 거느리고 있던 하인과 그 측근들은 노예로 팔고 자유민과 그들의 편을 든 시켈리아 사람들은 채석장에 감금할 것을 제안했다. 다만 장군들은 사형에 처해야 한다고 주장했다. 쉬라쿠사이 사람들은 이 제안을 받아들였다.

헤르모크라테스가 이에 반대하며, 승리보다 더 나은 것이 있으니 즉 승리를 고귀하게 사용하는 법이라고 했다가 요란한 반대에 부딪혔다. 또 귈립포스가 아테나이 장군들을 포상으로 요구하며 산 채로 라케다이몬으로 데리고 가겠다고 하자, 이어진 행운에 우쭐해져 있었던 쉬라쿠사이 사람들은 귈립포스를 큰 목소리로 비난했다. 그들이 선뜻 이렇게 행동한 이유는 전쟁 내내 귈립포스가 거칠고 라코니아적인 방식으로 권력을 행사한 데에 불만이 많았기 때문이다.

*티마이오스는, 데모스테네스와 니키아스가 쉬라쿠사이 사람들의 명령에 따라 사형에 처해졌다는 필리스토스와 투퀴디데스의 주장에 동의하지 않는다. 그의 말에 따르면 헤르모크라테스는 회의가 끝나기도 전에 의회의 결정을 장군들에게 전달했고 그들은 간수 한 사람의 묵인 아래 스스로 목숨을 끊었다고 한다. 또 내가 알기로는 오늘날까지 쉬라쿠사이의 어느 신전에 다른 보물들과 함께 니키아스의 방패가 전시되어 있다. 금빛과 자줏빛이 보기 드문 솜씨로 뒤섞여 결합되어 있는 방패라고 한다.

XXIX.

포로가 된 아테나이 사람 대부분은 질병과 열악한 식량 사정으로 인하여 채석장에서 죽음을 맞았다. 하루에 배급 받은 분량이 보리 가루 두 코튈레*와 물 한 코튈레에 지나지 않았기 때문이다. 게다가 적지 않은 사람들이 납치되어 노예로 팔려 갔다. 이들은 팔려 갈 때 이마에 말의 낙인이 찍혔다. 노예로 팔려 가는 것으로도 모자라 이 같은 수모를 겪은 사람들이 실제로 있었던 것이다.*

XXX.

전해지는 이야기에 따르면 아테나이 사람들은 참패의 소식이 처음으로 들려왔을 때 그것을 믿지 않았다고 한다. 무엇보다도 그 소식을 가져온 사람 때문이었다. 이 외국인은 페이라이에우스 항구에 내리자마자 이발소에 자리를 잡았다. 그리고 아테나이 사람들이 이미 다 알고 있다고 생각하고 벌어진 일들에 대해 이야기하기 시작했다. 이야기를 들은 이발사는 다른 사람들이 전해 듣기 전에 전속력으로 시내로 달려가 관리들을 만났고 시장에 소식을 퍼뜨렸다. 그러자 혼란과 동요가 일었고 관리들은 민회를 소집하여 소식을 처음 전한 외국인을 거기 세웠다.

누구로부터 들은 소식이냐는 질문에 그가 명확한 대답을 내놓지 못하자 사람들은 그가 아테나이를 소란에 빠뜨리기 위해 이야기를 꾸며냈다고 여겼다. 따라서 그를 바퀴에 묶어 한참을 고문했다. 그러던 어느 날 전령이 와서 벌어진 사태를 사실대로 전했다. 아테나이 사람들은 니키아스가 자신이 예견한 운명을 실제로 맞이했다는 사실이 좀처럼 믿기지가 않았다.

• 약 270밀리리터.

크랏수스

I.

마르쿠스 크랏수스의 아버지는 감찰관직을 지내고 개선 행진까지 마친 위인이었다. 그런데도 크랏수스는 두 형과 함께 작은 집에 살았다. 두 형은 양친이 살아 계신 동안 결혼을 했고 가족은 모두 함께 식탁에 둘러앉아 식사를 하곤 했는데 이것은 크랏수스가 온화하고 절제된 성격을 갖는 데 큰 몫을 했다. 두 형 가운데 하나가 죽자 크랏수스는 형의 아내와 결혼하여 아이들을 가졌다. 이들 식구들과의 관계에서도 크랏수스는 여느 로마인과 다름없이 질서 있는 삶을 살았다.

• 크랏수스. 루브르 박물관에 있는 두상.

그러나 나이가 좀 더 들었을 때 그는 베스타 여사제 리키니아와 부정한 관계를 맺고 있다는 의심을 받았으며 플로티우스라는 자가 정식으로 리키니아를 기소했다.

리키니아는 교외에, 살기 좋은 저택 한 채를 소유하고 있었다. 크랏수스가 끊임없이 리키니아를 따라다니고 만나주기를 청한 것은 바로 이 저택을 헐값에 사들이기 위해서였다고 한다. 그러다 결국 끔찍한 의심을 받은 것이다. 그가 여사제를 타락시키려고 한다는 혐의를 벗고 무죄 판결을 받은 것 역시 어떻게 보면 그의 탐욕 덕분이었다. 그럼에도 그는 리키니아의 부동산을 손에 넣기 전에는 리키니아를 놓아주지 않았다.

II.

실로 로마 사람들은 크랏수스의 여러 훌륭한 장점이 그의 유일한 단점인 탐욕에 가려졌다고 말한다. 그의 여러 단점들 가운데 가장 강력한 하나의 단점이 다른 모든 단점을 약화시켰을 가능성도 있다. 그가 탐욕스러웠다는 것을 가장 잘 드러내는 증거는 그가 재산을 불린 방법과 그렇게 불린 재산의 양이다.

처음에는 그도 3백 탈란톤 이상 갖고 있지 않았다고 한다. 집정관직에 있을 당시에는 가진 것의 십분의 일을 헤라클레스에게 바치고 민중을 위해 잔치를 열었으며 자비로 모든 로마인들에게 석 달치 식량을 마련해 주었다. 그랬음에도 파르티아로 원정을 떠나기 직전 재산을 따져보았더니 7천1백 탈란톤에 달했다고 한다. 논란이 될 만한 사실을 말하자면 크랏수스는 이 재산의 대부분을 화재와 전쟁을 통해 얻었다. 그는 공공의 재앙을 소득의 가장 큰 원천으로 삼았던 것이다.

술라가 나라를 차지한 뒤 사형에 처한 사람들의 재산을 전리품으로 여기고 그렇게 칭하며 처분했을 때, 그리고 자신의 범죄로 최대한 많은 수의 영향력 있는 인사들을 오염시키고자 했을 때 크랏수스는 지치지 않고 그 재산을 받거나 사들였다. 또 건물이 지나치게 밀집되어 있는 로마에서 화재나 파괴와 같은 사건이 매우 빈번하고 당연하다는 것을 깨달은 크랏수스는 건축과 건설에 능한 노예들을 확보하기 시작했다. 이러한 노예들이 5백 명이 넘자 그는 불이 난 집과 그 옆집을 사들였고 집주인의 두려움과 불안함으로 인해 헐값으로 나온 주택도 사들였다. 이런 방식으로 그는 로마에서 가장 많은 땅을 소유하게 되었다.

그러나 그토록 많은 기술자들을 보유하고 있었음에도 자신을 위해서는 살고 있는 주택 이외에 다른 집을 지은 적이 없었다. 실로 그는, 건물을 좋아하는 사람은 적이 없어도 자멸한다고 말하곤 했다. 게다가 크랏수스는 수없이 많은 은광과 가치가 매우 높은 땅, 그리고 그 땅을 일구는 일꾼들을 소유하고 있었지만 이는 그가 거느린 노예들의 숫자에 비하면 아무것도 아니었다. 그가 가진 노예들은 수도 많고 재주도 많았다. 읽기 전문, 쓰기 전문 노예와 더불어 은공예를 전문으로 하는 노예, 가사를 관리하는 노예, 식사 시중을 드는 노예가 따로 있었다. 크랏수스는 자신이 직접 노예들의 교육을 관장하고 스스로 가르치기도 했다. 크랏수스에게 노예는 가계를 관리하는 살아 있는 도구였고 그는 노예들을 보살피는 것이 곧 주인의 역할이라고 생각했다. 그의 말에 따르면, 모든 일을 노예가 해주지만 노예를 다스리는 일만은 주인 자신의 몫이었고 이것은 옳은 말이다. 집안을 돌보는 일은 생명이 없는 물건을 다루는 데에 한해서는 재무 관리에 속하지만 사람을 다루는 데에 이르면 정치에 속하게 된다.

그러나 자기 돈으로 군대를 거느릴 수 없는 사람은 부유하다고 할 수 없다고 한 그의 말은 옳지 않았다. 왜냐하면 아르키다모스 왕의 말처럼 "전쟁에는 정해진 규모가 없고" 따라서 전쟁에 요구되는 자금은 산정할 수 없는 것이기 때문이다. 마리우스는 크랏수스와 전혀 다른 의견을 갖고 있었다. 그는 전쟁에 참가한 병사들에게 각각 땅을 14유게룸*씩 주었

• 1유게룸은 1평방킬로미터에 조금 못 미친다.

는데 그들이 이를 부족하게 여기는 것을 보고는 "먹고사는 데 불편함이 없는 크기의 땅을 적다고 생각하는 로마인이 없기를" 바란다고 했다.

III.

크랏수스는 모르는 사람에게도 너그러웠고 그들에게 언제나 문을 열어두었다. 또 친구들에게는 이자를 받지 않고 돈을 빌려주었는데 대신 약속한 기간이 지나면 쉴 새 없이 독촉을 해댔다. 따라서 친구들은 값비싼 이자를 내는 것보다 무이자로 빚을 얻는 것을 더 두려워하게 되었다.

식사에 손님을 초대할 때는 대부분 평민들과 민중의 편에 있는 사람들을 불렀고 음식은 소박했지만 늘 깔끔하고 유쾌한 자리였기에 호화스러운 식사보다 더 큰 즐거움을 주었다. 크랏수스의 학문적 관심으로 말하자면 그는 여러 모로 유용한 수사학을 주로 갈고 닦았다. 스스로를 로마에서 가장 능력 있는 연설가로 키운 그는 연설에 타고난 재능이 있는 사람들을 배려와 실천으로 앞질렀다. 무슨 뜻인가 하면 아무리 사소하고 아무리 비웃을 만한 사건이라도 준비 없이 재판에 임하지 않았고 폼페이우스나 카이사르, 키케로가 맡으려고 하지 않는 사건까지 도맡아 변호사로서 임무를 다했다고 한다. 이런 이유로 그는 신중하고, 언제든 도움을 건넬 준비가 된 사람으로 여겨졌고 위에서 언급한 이들보다 더 많은 인기를 누렸다. 아무리 이름이 없고 아무리 천한 로마인을 만나더라도 인사를 받아주고 이름을 불러주었기 때문이다.

그는 역사에 조예가 깊었던 것으로도 잘 알려져 있다. 게다가 철학에도 일가견이 있었다고 하는데 스승 알렉산드로스를 통해 아리스토텔레스에 대해 배우고 그를 따르게 되었다고 한다.*

IV.

 킨나와 마리우스가 세력을 잡았을 때 그들이 나라의 이로움을 위해서가 아니라 귀족 계급을 파괴하고 파멸로 몰고 가기 위하여 로마로 재입성하려고 한다는 것이 단번에 명확해졌다.* 붙잡힌 자들은 죽음을 맞았고 그중에는 크랏수스의 아버지와 형도 있었다. 크랏수스 자신은 당시 매우 어렸기 때문에 당장의 위험은 피했지만 두 폭군의 사냥꾼들이 사방에서 그를 포위하고 있다는 것을 느낀 크랏수스는 친구 셋과 하인 열 명을 데리고 빠른 속도로 이베리아스페인로 피신했다. 그는 아버지가 이베리아에서 행정관으로 있을 때 거기서 살며 친구들을 사귀어 둔 적이 있었다.

 그러나 모든 사람들이, 마리우스가 바짝 뒤쫓고 있기라도 한 듯 그의 잔혹성이 두려워 벌벌 떨고 있었다. 이를 본 크랏수스는 누구에게도 도움을 청할 용기가 없었다. 그리하여 그는 비비우스 파키아쿠스 소유의 해안에 있는 들판에 몸을 맡겼다. 들판의 넓은 동굴에 몸을 숨긴 것이다. 그러나 식량이 떨어져 가고 있었고 땅 주인에게 귀띔을 주고 싶었던 크랏수스는 비비우스에게 노예를 보냈다. 소식을 들은 비비우스는 크랏수스가 무사히 피신했다는 사실에 기뻐하며 크랏수스 일행의 숫자와 그들이 숨은 위치를 파악한 뒤 직접 방문하지는 않고 그 근처의 땅을 돌보고 있던 관리인을 불렀다. 그리고 관리인을 시켜 매일 그곳으로 먹을 것을 가져가도록 명령했다. 대신 절벽 근처에 놓고 아무 말 없이 돌아설 것을 당부했다. 또 간섭하거나 파헤치려고 하지 않아야 한다고 강조하며 간섭한다면 죽음으로 다스리겠다고 위협했다. 반면 성실하게 돕는다면

• 기원전 87년 킨나와 마리우스는 사병을 이끌고 로마를 점령하여 많은 술라파들을 숙청하였다.

자유를 주겠노라 약속했다.

동굴은 바다에서 멀지 않고 그 주변을 에워싼 절벽은 동굴 안으로 향하는 좁고 희미한 통로만을 남겨두고 있다. 그러나 일단 동굴 안으로 들어가면 천장이 놀랄 만큼 높고, 옆으로는 지름이 커다란 우묵한 굴이 이어진다. 이곳은 물도 빛도 부족하지 않다. 맑디맑은 샘이 절벽 밑에서 솟아나오고 바위가 만나는 지점에 생긴 자연적인 틈은 바깥의 햇빛을 안으로 끌어들여 낮에는 환하다. 굴 안의 공기는 맑고 건조한데 이는 바위가 두터워 습기와 물방울을 모두 샘으로 보내주기 때문이다.

V.

바로 이곳에 크랏수스가 살았다. 관리인은 날마다 식량을 갖고 찾아왔다. 관리인 자신은 동굴에 누가 있는지 보지 못했고 알지도 못했으나 안에 있는 사람들은 그를 볼 수 있었다. 그가 언제 오는지 알고 그를 기다렸기 때문이다. 먹을 것은 충분했고 배를 채우는 것뿐만 아니라 입맛까지 생각해 준비한 음식이었다.

비비우스는 최선을 다해 정성스럽게 크랏수스를 보살피겠다고 다짐한 터였다. 그는 손님의 어린 나이까지 고려했다. 크랏수스가 매우 젊은 남자이니 그 나이에 맞는 즐거움을 주어야 한다고 생각한 것이다. 필요한 것만 제공하는 것은 억지로 도움을 주는 사람의 태도이지 열의를 갖고 돕는 사람의 태도가 아니라고 생각했다. 따라서 그는 어여쁜 여자 노예 둘을 데리고 해안가로 내려갔다. 동굴이 보이는 곳까지 다다른 그는 노예들에게 동굴로 올라가는 길을 가르쳐 준 뒤 아무것도 두려워하지 말고 안으로 들어가라고 했다.

크랏수스는 두 노예가 다가오는 것을 보고 은신처가 발각된 줄로 알고 두려웠다. 따라서 그는 두 노예에게 정체가 무엇이며 원하는 것을 말하라고 했다. 그러자 두 노예는 비비우스가 가르쳐 준 대로 말하기를 동굴 안에 숨은 주인님을 찾으러 왔다고 했다. 그제야 크랏수스는 비비우스의 유쾌한 장난을 깨닫고 노예들을 들여보냈다. 두 노예는 크랏수스가 동굴에 숨어 있는 내내 그와 함께 지내며 비비우스에게 중요한 소식을 전하곤 했다.*

VI.

이렇게 크랏수스는 여덟 달을 숨어 지냈다. 그러나 킨나가 죽었다는 소식을 듣자마자 모습을 나타냈다. 많은 사람들이 그의 표장을 향해 모여들었고 크랏수스는 그 가운데 이천오백 명을 선발해 여러 도시를 순회했다. 여러 역사가들이, 그가 이때 말라카라는 도시를 약탈했다고 전하고 있으나 크랏수스 자신은 이를 부인했으며 반대 주장을 펼치는 사람들과 논쟁했다고 한다.

이후 그는 범선을 모아 리뷔에로 건너갔으며 메텔루스 피우스와 합류했다. 빛나는 공을 세운 메텔루스 피우스는 당시 상당한 규모의 군대를 거느리고 있었다. 그러나 크랏수스는 거기 오래 머무르지 않고 메텔루스와의 불화 이후 그곳을 떠나 술라의 편에 섰다. 술라는 크랏수스에게 특별한 관심을 보이고 있었다. 그러나 이탈리아로 넘어간 뒤 술라는 자신을 따르던 모든 젊은이들이 활발한 원정 활동을 하기를 바라는 마음에서 각각의 젊은이에게 서로 다른 임무를 내렸다. 크랏수스는 마르시 족 사람들로 군대를 구성하라는 임무를 받고 호위대를 붙여줄 것을 요청했다. 그가 지나가야 하는 길목에 적이 있었기 때문이다. 그러나 술라는 이에 격분하며 호통쳤다.

"원한다면 호위대를 붙여주지. 불법적으로 그리고 부당하게 사형에 처해진 자네 아버지와 자네 형, 그리고 자네 친구와 친지들을 붙여주지. 모르겠는가, 내가 붙잡으려고 하는 자들이 그들의 살인자라는 말일세."

이와 같은 꾸중을 듣고 자극을 받은 크랏수스는 당장 길을 떠났고 적을 헤집고 힘차게 나아갔다. 그러면서 상당한 규모의 병력을 모집하여 자신이 술라의 투쟁을 적극적으로 지지한다는 것을 보여주었다.

이런 가운데 그는 처음으로 폼페이우스를 상대로 명성을 얻기 위한 야심찬 경쟁을 시작했다. 폼페이우스는 크랏수스보다 어린 데다, 그의 아버지는 로마에서 평판이 나빴고, 동료 시민들의 지독한 미움을 받고 있었다. 그럼에도 그 당시 이어진 사건들은 폼페이우스의 재능이 또렷하게 빛나도록 도와주었기 때문에 그는 매우 훌륭한 인물로 여겨지고 있었다. 술라는 자신보다 나이가 많고 자신과 지위가 비슷한 사람에게조차 쉽사리 건네지 않는 영예를 폼페이우스에게 주었다. 그가 올 때마다 모자를 벗고 그를 임페라토르*라 칭한 것이다. 이 모든 것은 크랏수스를 분하게 하고 자극하였다. 그러나 술라가 크랏수스를 폼페이우스처럼 받들지 않은 것은 그럴 이유가 있었기 때문이다.

먼저 크랏수스는 경험이 부족했으며 태어날 때부터 그를 괴롭혔던 그의 저주스러운 탐욕과 비열함 때문에 그가 세운 업적도 빛을 잃었다. 예를 들어 움브리아 지방에 위치한 투데르를 점령했을 때 전리품의 대부분이 크랏수스의 손으로 들어갔고 이와 같은 혐의는 술라에게까지 전해졌다.

그러나 로마 근방에서 벌어진 마지막, 가장 치열한 전투에서 술라가 패배하고 그의 병력이 격퇴를 당하여 산산이 흩어졌을 때, 적의 우측 날

• 전쟁에서 여러 차례 큰 승리를 얻은 사람을 일컫는 말.

개와 싸워 승리한 크랏수스는 밤이 올 때까지 적을 추격하였고 술라에게 사람을 보내 승리를 알리고 병사들을 위해 식사를 마련해달라고 요청했다. 그러나 이어진 정치 보복과 재산 환수 과정에서 크랏수스는 또다시 오명을 얻었다. 그가 넓은 사유지를 헐값에 사들였으며 기부금을 요청했기 때문이었다. 심지어 브룻티움에서는 술라의 명령도 없이 단지 재산을 빼앗기 위해 살생부에 한 남자의 이름을 올렸다고 전해진다.

이를 못마땅하게 여긴 술라는 다시는 크랏수스에게 공무를 맡기지 않았다고 한다. 그럼에도 크랏수스는 아첨을 통해 자기편으로 만들지 못하는 사람이 없었다. 반면 크랏수스 자신도 아첨에 쉽게 넘어가는 성격이었다. 그의 또 다른 특징은, 자신은 그토록 탐욕스러웠음에도 자신과 비슷한 사람을 특별히 미워하고 괴롭혔다는 것이다.

VII.

폼페이우스가 원정에서 거듭 승리를 거두고 원로원에 들어가기도 전에 개선 행진을 치렀다는 점, 또한 동료 시민들이 그를 폼페이우스 마그누스 즉 위대한 폼페이우스라고 칭한 점이 크랏수스는 신경에 거슬렸다. 한번은 누군가가 "위대한 폼페이우스가 온다"고 하자 크랏수스는 폭소를 터뜨리며 이렇게 말했다고 한다.

"대체 얼마나 위대하기에?"

따라서 크랏수스는 폼페이우스의 군사적 업적을 따라갈 시도조차 하지 않고 대신 정치에 몸을 던졌다. 무슨 일을 하든 열의를 다해 노력했으며 변호사이자 대금업자로서 베풀 수 있는 모든 호의를 베풀었다. 그리고 관직을 얻으려는 후보라면 누구든 거쳐야 하는 유세와 검증 절차에 적극적으로 협조함으로써 여러 원정을 성공리에 마친 폼페이우스와 맞먹는 영향력과 명성을 얻었다. 두 사람은 각각 고유한 능력이 있었던 것이다.

폼페이우스는 여러 원정에서 활약한 덕분에 도시를 떠나 있을 때 명성과 권력이 더 컸으며, 귀국해 있을 때는 크랏수스보다 힘이 약했다. 위풍당당한 삶을 살던 폼페이우스였기에 군중을 멀리했고 포럼에 나가지 않았으며 부탁하는 사람들에게만 도움을 건넸고 그마저도 성의 없이 했다. 추후 오로지 자신만의 이득을 위해 영향력을 행사하는 데 어려움이 없도록 하기 위해서였다.

그러나 크랏수스는 언제나 도움을 줄 준비가 되어 있었고 멀지 않은 곳에 있어 만나기가 어렵지 않았다. 그리고 또 언제나 그 당시 벌어지고 있는 일들에 적극적으로 참여했기 때문에 모두에게 친절한 그의 태도로 경쟁자의 도도한 위세를 꺾을 수 있었던 것이다. 그러나 품위 있는 인격이나 설득력 있는 화법, 매력 있고 우아한 생김새는 두 사람 모두 공통으로 타고났다고 전해진다.

그럼에도 이 열띤 경쟁은 크랏수스로 하여금 증오심이나 악의를 품게 하지 않았다. 그는 폼페이우스와 카이사르가 자신보다 더 큰 명예를 누린다는 것이 짜증스러웠을 뿐이지 이 경쟁심을 적의나 악의와 연결시키지 않았다. 카이사르가 아시아의 해적에게 붙잡혀 날카로운 감시 아래 있을 당시 그가 이렇게 탄식한 것은 사실이다.

"크랏수스, 내가 붙잡혔다는 소식을 들으면 자네가 얼마나 기뻐할지 상상이 가는군."

그러나 두 사람이 서로 사이가 좋았을 시절, 즉 카이사르가 행정관으로서 이베리아로 떠날 당시 돈도 없고 빚쟁이들이 달려들어 그의 물건마저 차압하기 시작했을 때, 크랏수스는 곤경에 빠진 그를 내버려두지 않고 830탈란톤에 대한 보증을 서줘 수치를 면하게 해주었다. 그리고 로마 전체가 강력한 세 사람의 파벌로 나뉘었을 때, 즉 폼페이우스와 카이사르, 크랏수스의 파벌로 나뉘었을 때카토는 권력보다 명성이 더 컸으며 시민들은 그를 따르기보다 그를 존경했다 신중하고 보수적인 시민들은 폼페이우스의 편을 들었고 폭력적이고 변덕스러운 사람들은 카이사르의 편을 들었으나 크랏수스는 중간에서 양측의 사람들을 모두 끌어들였다.

크랏수스는 정치적 시각을 바꾼 것도 여러 번이었고, 든든한 친구도 화해할 수 없는 적도 아니었으며 자신의 이해관계가 지시하는 대로 호의나 적의를 내팽개쳤다. 따라서 짧은 시간 동안에도 동일한 법안에 대하여 동일한 사람에게 찬성하기도 하고 반대하기도 했다.

크랏수스는 또한 커다란 영향력을 갖고 있었다. 이것은 그가 보여준 호의와 그가 유발하는 공포심에 의해 생긴 것이었는데 공포를 유발하여 생긴 영향력이 더 컸다. 정치적 공격에 능해 당시의 관리와 민중 지도자들에게 가장 큰 골칫거리였던 시킨니우스는 왜 크랏수스만은 공격하지 않고 내버려두냐는 질문에 이렇게 대답했다고 한다.

"크랏수스는 뿔에 지푸라기가 묶여 있으니까요."

로마에서는 사람을 받는 황소의 뿔에 지푸라기를 묶어두곤 했는데 이는 지푸라기를 본 사람들이 황소를 경계하도록 하기 위함이었다.

VIII.

흔히 스파르타쿠스 전쟁이라고 부르는 사건, 검투사들이 반란을 일으키고 이탈리아를 짓밟은 사건은 다음과 같은 사연에서 비롯되었다. 카푸아에서 렌툴루스 바티아투스라는 자가 검투사들을 양성하고 있었는데 대부분이 갈리아와 트라키아 사람들이었다. 그들은 저지른 잘못도 없으면서 정의를 모르는 주인 때문에 철저히 감금된 채 검투 시합에 나갈 날만을 기다렸다. 그 가운데 2백 명이 탈출을 계획하였지만 정보가 새어나갔다. 이를 재빨리 눈치 채고 탈출에 성공한 사람들은 총 78명이었다. 부엌에서 식칼과 꼬챙이를 집어 들고 밖으로 돌격한 것이다. 길에서 그들은, 검투 시합용 무기를 다른 도시로 나르고 있는 수레를 만났고 이를 빼앗아 무장했다. 그런 다음 유리한 위치를 점령하고 지도자 세 명을 선출했다.

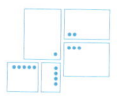

• 스파르타쿠스. 푸아야티에의 조각, 루브르 박물관.
• 검투사의 경기 장면을 잘 보여주는 장 레옹 제롬의 『폴리케 베르소(아래를 향한 엄지손가락)』.
• 호랑이와 싸우는 검투사. 이스탄불 모자이크 박물관.
• 스탠리 큐브릭의 영화 『스파르타쿠스』.
• HBO 드라마 『스파르타쿠스』의 한 장면.

• 야수와 싸우는 검투사들. 돋을새김.

이 가운데 첫 번째가 트라키아의 유목민 집안에서 태어난 스파르타쿠스로 용기가 뛰어나고 힘이 셌을 뿐 아니라 처지를 뛰어넘는 영리함과 교양을 갖고 있었다. 그가 처음 로마로 와서 노예로 팔려갈 당시 잠을 자는데 얼굴 부근에 뱀이 똬리를 틀고 있었다고 한다. 같은 부족 사람이자 예언자이며 가끔 디오뉘소스적인 광란을 경험하곤 했던 그의 아내는 그 뱀이, 그에게 좋은 결과를 가져다줄 강력하고 가공할 힘을 상징한다고 했다. 이 여인은 남편과 함께 탈출에 성공해 함께 살고 있었다.

IX.

처음에는 검투사들이 카푸아로부터 온 병사들을 격퇴시켰다. 그리하여 제대로 된 전쟁 무기를 얻게 된 검투사들은 기꺼이 검투 시합용 무기를 버렸다. 그것이 명예롭지 못하고 야만적이라고 생각했기 때문이다.

이어서 행정관 클로디우스가 검투사들을 상대하기 위해 병사 3천 명과 함께 파견되었다. 클로디우스는 올라가는 길이 하나밖에 없는 언덕을 에워싸 적을 포위하였다. 하나밖에 없는 길마저 좁고 험했으며 클로디우스는 이를 철저히 감시하였다. 그 이외에는 온통 매끈하고 가파른 낭떠러지뿐이었다.

그런데 마침 언덕 위에는 야생 덩굴 식물이 풍성하게 자라고 있었고 포위당한 이들은 쓸 만한 덩굴을 잘라 튼튼한 사다리로 엮었다. 이 사다리는 튼튼하고 길어서 한 끝을 고정하면 다른 끝은 절벽 아래 들판에 가 닿을 정도였다. 무기를 지키는 한 사람을 제외한 나머지는 모두 이 사다리를 타고 무사히 내려갔다. 나머지 사람들이 모두 무사히 내려갔을 때 위에 남은 한 명은 무기를 던지기 시작했다. 그리고 무기를 모두 아래로 던지고 난 뒤 그 또한 무사히 언덕을 빠져나왔다. 로마 병사들은 이를 까맣게 모르고 있었기에 검투사들은 로마군을 포위하고 급습하여 혼란에 빠뜨릴 수 있었다. 병사들은 도주하였고 검투사들은 진영을 손에 넣었다. 그러자 그 지역의 가축을 돌보는 사람들도 검투사들의 편에 섰는데 건장하고 발이 빠른 이들의 일부는 완전 무장을 했고 일부는 수색병이나 경기병으로 활약했다.

 이어서 행정관 푸블리우스 바리누스가 검투사 무리와 맞서기 위하여 파견되었다. 바리누스의 부지휘관은 푸리우스라는 자였는데 검투사들은 먼저 푸리우스와 그가 이끄는 병사 2천 명에 맞서 싸워 패주시켰다. 그런 다음 스파르타쿠스는 콧시니우스의 움직임을 빈틈없이 관찰했다. 콧시니우스는 바리누스를 도와 군을 지휘하고 바리누스에게 적당한 조언을 해주기 위해 꽤 많은 병력을 이끌고 나온 터였다. 그는 살리나이 근처에서 목욕을 하던 중 스파르타쿠스에게 사로잡힐 뻔하였으나 온갖 어려움 끝에 가까스로 빠져나왔다. 스파르타쿠스는 당장 콧시우스의 짐을 빼앗고 바짝 뒤쫓았으며 대학살 끝에 마침내 진영을 사로잡았다. 콧시니우스도 이때 죽었다.

 여러 전투 끝에 행정관 바리누스까지 패배시키고 마침내 그의 수행원들과 군마까지 붙잡은 스파르타쿠스는 곧 크고 가공할 세력을 누리게 되었다. 그러나 그는 상황을 적절히 판단할 줄 알았다. 로마를 누른다는 것은 기대조차 하지 않았던 스파르타쿠스는 알페스_{알프스} 산맥을 향하여 군을 이끌었다. 산을 넘어 갈리아 사람은 갈리아로, 트라키아 사람은 트라키아로 돌아가야 한다고 생각한 것이다. 그러나 수가 많고 자신감으로 가득 차 있던 그의 부하들은 스파르타쿠스의 말을 듣지 않았고 이탈리아 전역을 짓밟기 시작했다.

원로원은 더 이상 노예들이 반란을 일으킨 데 대한 수치와 모욕감으로 괴로워하지 않았다. 오히려 공포와 위협에 휩싸인 채, 몹시 치열하고 규모가 큰 전쟁이 벌어졌을 때 하듯 두 집정관 모두를 전장에 내보냈다. 집정관 겔리우스는 게르마니아 사람들을 급습했다. 그들은 오만하고 무모했던 나머지 스파르타쿠스가 이끌고 있던 주 병력을 이탈한 탓에 난도질을 당했다. 반면 또 다른 집정관 렌툴루스가 수많은 병력을 이끌고 적을 포위했을 때 스파르타쿠스가 이들에게 달려들어 전투를 벌였고 렌툴루스의 부지휘관들을 패배시키고 그들의 짐을 모두 빼앗았다.

그런 뒤 알페스로 향하던 스파르타쿠스는 갈리아 키살피나를 다스리고 있던 캇시우스를 만났다. 캇시우스는 1만 명이 넘는 군사를 이끌고 있었는데 이어진 전투에서 패배하고 여러 병사를 잃었으며 그 자신조차 겨우 피신할 수 있었다.

X.

이 소식을 들은 원로원은 분노하여 집정관들의 입을 막고 크랏수스에게 전쟁 지휘를 맡겼다. 여러 귀족들이 크랏수스의 명성과 그와 나눈 우정으로 인하여 크랏수스의 휘하로 들어갔다. 이에 크랏수스는 피케눔의 경계에 자리를 잡고 그리로 서둘러 움직이고 있던 스파르타쿠스의 공격에 대비했다. 그리고 부지휘관 뭄미우스에게 두 개 군단을 딸려 보냈다. 우회로를 따라 적을 따라가되 싸움을 벌이거나 작은 충돌조차 허용하지 말라고 당부한 뒤였다.

그러나 뭄미우스는 유리한 기회가 오자마자 전투를 벌이고 패배했다. 여러 부하들이 죽임을 당했고 여럿이 목숨을 구하기 위해 무기를 버리고 도망쳤다. 크랏수스는 돌아온 뭄미우스를 냉정하게 맞이하기도 했고, 병사들을 새로이 무장시키면서 다시는 무기를 버리지 않겠다는 맹세를 받아내기도 했다. 그리고 누구보다 비겁했고 누구보다 앞서서 후퇴한 5백 명을 열 명씩 50개 단위로 나눈 다음, 제비뽑기를 통해 한 단위당 한 명을 사형에 처했다. 이것은 오래된 처벌 방식으로서 크랏수스가 여러 해 만에 부활시킨 것이다. 이러한 방식으로 죽음을 맞는 것은 불명예스러운 일이었으며 전군이 지켜보는 앞에서 치러지는 이 처벌 방식은 그 밖에도 여러 가혹하고 역겨운 특징을 수반했다.

이처럼 기강을 다잡은 크랏수스는 부하들을 이끌고 적을 향해 진군했다. 그러나 스파르타쿠스는 크랏수스를 피하기 위해 루카니아를 통해 바다로 빠져나갔다. 그리고 해협에서 우연히 킬리키아 해적선을 만난 뒤 시켈리아를 사로잡기로 결심했다. 섬에 병사 2천 명을 투입하여 거기서 이어지고 있던 노예 전쟁에 다시 불을 붙이고

자 했던 것이다. 이 전쟁의 불씨는 오랫동안 꺼지지 않고 있었고 아주 적은 양의 추가적인 연료만을 필요로 하고 있었다. 그러나 스파르타쿠스와 협정을 맺고 그의 선물을 챙긴 킬리키아 사람들은 그를 속이고 배를 돌려 떠났다. 스파르타쿠스는 할 수 없이 바다에서 철수하여 레기온 반도에 군을 정착시켰다.

반도로 다가온 크랏수스는 장소의 특성이 한 가지 공격 방식을 제안하고 있음을 깨닫고 지협의 중간에 벽을 쌓을 결심을 했다. 병사들의 일거리도 마련하고 적의 식량도 차단할 계획이었던 것이다. 이는 크고도 어려운 임무였으나 크랏수스는 이를 달성했으며 모두의 생각과 달리 짧은 시간 내에 끝마쳤다. 좁은 땅 위로 이 바다에서 저 바다까지 길이가 3백 스타디온*, 넓이와 깊이가 15푸스**인 웅덩이를 파고 웅덩이 위로 놀라울 정도로 높고 튼튼한 벽을 쌓은 것이다.

스파르타쿠스는 이 모든 작업을 비웃고 무시했다. 그러나 곧 식량이 떨어지기 시작했다. 스파르타쿠스는 반도 밖으로 돌격해 나오려다 그제야 벽에 가로막힌 것을 알았고 거기서 더 이상 할 수 있는 일이 없다는 것도 깨달았다. 그리하여 눈이 내리고 겨울 폭풍이 찾아오자 밤을 틈타 웅덩이의 적은 일부를 흙과 나무, 가지로 메운 다음 병력의 3분의 1을 방벽 너머로 건네 보냈다.

XI.

이것을 안 크랏수스는 스파르타쿠스가 로마로 행진하려는 충동에 사로잡힐 것이 두려웠으나 스파르타쿠스의 부하들이 그와 다툰 끝에 분

• 1스타디온은 약 180미터.
•• 1푸스는 약 발 하나 길이.

리되어 나간 것을 보고 곧 안심했다. 분리된 군사는 루카니아의 어느 호숫가에 진영을 치고 있었다. 전해지는 말에 따르면 이 호수는 때에 따라 물맛이 바뀌는데 달콤했다가도 어느새 쓴맛으로 변해 마실 수 없게 된다고 한다. 크랏수스는 이곳에 자리한 적의 부대를 공격하여 호수로부터 내몰았으나 갑자기 스파르타쿠스가 나타나 거드는 바람에 적을 학살하거나, 후퇴하는 자들을 추격할 수는 없었다.

이 일이 있기 전 크랏수스는 원로원에 서신을 보내 트라키아에 있는 루쿨루스와 이베리아에 있는 폼페이우스를 보내달라고 요청한 바 있었다. 그러나 곧 이를 후회하게 되었으며 두 장군이 오기 전에 전쟁을 끝내고 싶은 마음이 간절했다. 그는 전쟁에서 승리할 경우 그 공은 자신이 아닌 지원을 하러 온 장군에게 돌아가게 되어 있다는 것을 알고 있었다. 따라서 그는 먼저, 주 병력으로부터 분리되어 나와 자체적으로 싸움을 이어가고 있는 적의 부대를 공격하기로 마음먹었다.

적은 가이우스 카니키우스와 카스투스의 지휘 아래 있었다. 크랏수스는 공격 전에 특정한 고지를 선점할 목적으로 병사 6천 명을 보냈으며 이 시도를 비밀에 부칠 것을 신신당부하였다. 병사들은 적의 눈에 띄지 않기 위해 투구를 가리기는 했으나 적을 위해 희생 제물을 바치던 두 여인에게 발각되었다. 만약 크랏수스가 재빨리 모습을 드러내고 전투를 벌이지 않았다면 병사들은 목숨이 위험했을 것이다. 이 전투는 그 어느 때보다 치열하게 전개되었다. 로마군이 전투에서 적병 1만 2천3백 명을 죽였으나 그 가운데 등에 상처를 입은 병사는 둘밖에 없었다. 나머지는 모두 대열을 지키며 로마군과 싸우다 죽은 것이다.

이 부대가 패배하자 스파르타쿠스는 페텔리아의 산맥으로 숨어들었고 크랏수스 휘하의 장교 퀸투스가 그를 바짝 추격했다. 재무관 스크로파스도 적의 후방에 매달려 있었다. 그러나 스파르타쿠스가 방향을 돌려 싸우자 로마군은 참패를 겪었고 상처 입은 재무관은 가까스로 안전한 곳으로 끌려갔다.

하지만 이 승리는 결국 스파르타쿠스를 파멸시키는 계기가 되었다. 그의 휘하에 있던 노예들이 지나친 자신감으로 가득 찼기 때문이다. 그들은 싸움을 피해야 한다는 명령을 더 이상 듣지 않았으며 지도자들에 복종하기는커녕 행군이 시작되자마자 무기를 들고 지휘관들을 포위하여 도로 루카니아를 지나 로마군이 있는 곳으로 이끌게 했다.

이는 크랏수스가 무엇보다도 절실히 바라던 바였다. 폼페이우스가 접근하고 있다는 소식이 이미 전달된 뒤였고 승리는 폼페이우스의 것이라고 이미 공식적으로 선언한 사람들이 적지 않았기 때문이다. 그들은 폼페이우스가 와서 싸우고 전쟁을 끝마치는 일만 남았다고 생각했다. 따라서 크랏수스는 자기 힘으로 전쟁을 끝내기 위해 서둘러 적의 곁에 진영을 친 다음 참호를 파기 시작했다. 그러자 노예들이 이 참호로 뛰어들어 작업을 하고 있던 로마 병사들과 싸우기 시작했고 동료를 돕기 위해 양측에서 자꾸만 새로운 병사들이 달라붙었다. 마침내 스파르타쿠스는 싸우지 않을 수 없다는 것을 깨닫고 전군을 전투 대형으로 세웠다.

전투에 앞서 부하들이 군마를 대령하자 스파르타쿠스는, 전투에서 이기면 적의 훌륭한 군마를 여러 마리 가질 수 있을 것이며 패배한다면 말 따위는 아무 소용이 없을 것이라며 칼을 뽑아 그 자리에서 말을 죽였다. 그런 다음, 온갖 무기가 날아다니고 상처 입은 병사들이 널린 전장을 헤치고 크랏수스를 향해 움직였다. 그는 크랏수스에게 도달하지는 못했지만 그를 향해 동시에 달려든 백인대장 두 명을 무찔렀다. 얼마 후 동료들이 모두 도주한 뒤 홀로 남은 스파르타쿠스는 수많은 적병들에 둘러싸여 스스로를 지키다 칼에 베여 죽었다.

운이 좋았으며 누구보다 뛰어난 지휘력을 보이고 기꺼이 스스로를 위험에 노출시킨 크랏수스였지만 그의 승리는 결국 폼페이우스의 명성을 장식하는 데 기여하게 되었다. 전투에서 도주한 적병들이 폼페이우스를 만나 난도질을 당했기 때문이다. 따라서 폼페이우스는 원로원에 보내는 서신에 쓰기를 전투에서 노예들을 정복한 것은 크랏수스가 맞지만 전쟁을 뿌리 뽑은 것은 자신이라고 했다.

그리하여 폼페이우스는, 세르토리우스와 싸워 이기고 이베리아에서 승리를 얻은 대가로 눈부신 개선행진을 했다. 반면 아무리 자화자찬에 능한 크랏수스라도 감히 정식 개선행진을 요구하지 못했다. 게다가 오바티오라고 부르는 약식 행진조차 품위가 없고 천박한 행위로 여겨져 할 수 없었는데 업적이라고 해봐야 노예들과 싸워 이긴 것에 지나지 않았기 때문이다.*

XII.

이후 폼페이우스는 즉각 집정관직에 출마할 것을 권유받았고 크랏수스는 폼페이우스의 동료 집정관이 되고 싶은 마음에 망설이지 않고 그의 도움을 요청했다. 폼페이우스 역시 크랏수스의 부탁을 기꺼이 받아들였고 그를 후보로 올리기 위해 열심히 노력했다. 폼페이우스는 어떤 방식으로든 크랏수스가 언제나 자신에게 빚을 지고 있기를 원했다. 그래서 민회 앞에서 연설하기를, 희망하는 동료를 얻을 수 있다면 희망하는 관직을 얻은 것만큼 감사히 여기겠다고 했다.

그러나 관직에 오른 뒤 두 사람은 서로 호의적인 관계를 유지하지 못했으며 거의 모든 문제에 이견을 보였고 하는 일마다 다투었다. 두 사람의 이러한 호전적인 태도

• 폼페이우스.

때문에 임기는 정치적으로 무익했으며 아무런 업적도 없이 지나갔다. 예외적으로 크랏수스는 헤라클레스에게 큰 제물을 바쳤고 잔칫상 1만 개를 차려 민중을 배불리 먹였으며 3개월 동안 먹고살 곡식도 배급해주었다.

마침내 두 사람의 집정관직이 끝나갈 무렵 민회가 열렸는데 한 남자가 연단으로 올라섰다. 귀족은 아니었으나 기사 계급으로 시골스럽고 투박한 삶을 살고 있었던 이 사람, 오나티우스 아우렐리우스는 좌중에게 꿈속에서 본 광경을 설명하기 시작했다.

"유피테르 신께서 제게 나타나 공석에서 여러분께 다음과 같이 선언할 것을 명령하셨습니다. 여러분은 두 집정관께서 화해하기 이전에는 관직에서 물러나게 내버려두어서는 안 됩니다."

남자가 이렇게 말하고 사람들이 화해를 종용하자 폼페이우스는 조금도 움직이지 않고 버티고 서 있었던 반면 크랏수스가 먼저 나서서 폼페이우스의 손을 잡으며 말했다.

"동료 시민 여러분, 저는 폼페이우스 집정관의 선의와 우정을 향해 먼저 손을 내미는 것이 전혀 부끄럽거나 수치스럽지 않습니다. 여러분은 이분이 수염을 기르기도 전에 이분에게 마그누스라는 칭호를 내렸으며 원로원 의원이 되기도 전에 투표를 통하여 개선행진을 허용하지 않았습니까?"

XIII.

크랏수스가 집정관직에 있을 동안 벌어진 기억할 만한 사건은 이 정도이다. 그러나 그의 감찰관직은 정말로 이렇다 할 어떠한 결과나 업적도 없이 지나갔다. 로마 사람들 가운데 가장 온화한 품성을 가진 루타티우스 카툴루스를 동료 감찰관으로 두고도 그는 원로원을 재정비하거나 기사 계급을 감사하지도 않았으며 인구 조사를 하지도 않았다. 다만 전해지는 말에 따르면 크랏수스가 아이귑토스를 로마의 종속국으로 만들고자 하는 위험천만하고 과격한 정책을 추진하기 시작했을 때 카툴루스는 그에게 열렬히 반대했고 의견 일치를 보지 못한 두 사람은 모두 자진해서 사임했다고 한다.

자칫하면 로마를 뒤집었을 정도로 상당히 심각했던 카틸리나 사건*에서 크랏수스는 약간의 의심을 받았다. 한 남자는 크랏수스를 음모자 가운데 한 사람으로 공공연히 지목했지만 아무도 그자를 믿지 않았다. 그럼에도 키케로는 연설 속에서 크랏수스와 카이사르에게 노골적으로 죄를 씌웠다. 이 연설문이 두 사람이 죽은 뒤에야 출간된 것은 사실이지만, 키케로가 쓴 자신의 집정관직에 관한 보고서에 따르면 크랏수스는 어느 날 밤 카틸리나 사건과 관련된 서신을 들고 왔으며 그 서신이 음모가 있다는 사실을 입증하고 있다고 생각했다.

이 일로 크랏수스는 항상 키케로를 미워했지만 아들 때문에 키케로에게 드러내놓고 해를 입힐 수 없었다. 문학과 배움에 열정이 있던 아들 푸블리우스 크랏수스는 키케로를 따랐으며 키케로가 상복을 입고 재판정에 섰을 때 자신도 상복을 입었고 다른 젊은 이들에게도 그렇게 하라고 설득했다고 한다. 그는 결국 아버지까지 설득하여 키케로의 친구가 되도록 만들었다고 한다.

• 키케로. 카피톨리노 미술관.

• 기원전 63년 집정관에 오르지 못한 카틸리나가 공화정을 뒤엎을 음모를 꾸민 사건.

XIV.

　카이사르가 지방을 다스리고 돌아와 집정관 선거에 나설 차비를 하고 있을 때 그는 폼페이우스와 크랏수스가 또다시 서로 아옹다옹하고 있는 모습을 보았다. 카이사르는 한 사람의 도움을 청함으로써 다른 한 사람을 적으로 만들고 싶지 않았지만 두 사람 중 누구의 도움도 받지 않는다면 선거에서 승리할 수 있을 것 같지 않았다.

• 프랑스 파리의 튈르리 공원에 있는 카이사르의 조각상.
•• 월계관을 쓴 카이사르가 그려진 동전. 기원전 44년.

　카이사르가 두 사람을 화해시키기 위해 끈질기게 펼친 주장은 대략 다음과 같다.

　"크랏수스와 폼페이우스가 서로를 파멸로 몰고 간다면 키케로, 카툴루스, 카토와 같은 사람들의 세력을 키우는 데 그칠 것이나 동료들과 지지자들을 통합하고 힘을 합쳐 동일한 목적을 향해 나랏일을 수행한다면 그러한 자들의 영향력은 문제가 되지 않을 것이다."

　마침내 카이사르는 두 사람을 설득하고 화해시켰으며 두 사람 모두의 지지를 받게 되었다. 그리고 그렇게 시작된 삼두 정치를 통해 저항할 수 없는 권력을 형성하였고 그 권력으로 원로원과 민중을 제압한 것이다.

　이는 두 동료가 서로를 통해 더 위대해지는 것을 막고 자신이 두 동료를 통해 가장 위대해지도록 만들었기에 가능했다. 카이사르는 두 사람의 지지 덕분에 당당하게 집정관직에 선출되었다. 폼페이우스와 크랏수스는 카이사르에게 군대를 맡겼으며 그의 손에 갈리아를 쥐어줌으로써 그를 우뚝 솟은 성채 위에 앉혀놓다시피 했는데 카이사르에게 합당한 영토를 확보해 주면 나머지는 두 사람이 서로 마음대로 나눠가질 수 있으리라고 생각했기 때문이다.

폼페이우스는 권력에 대한 무한한 애착으로 이 모든 과정에 임했다. 그러나 크랏수스를 움직인 것은 오랜 단점인 탐욕과 더불어, 카이사르의 눈부신 업적을 목격하고 얻은, 승전비와 개선행진에 대한 새롭고 뜨거운 열정이었다. 크랏수스는 전공戰功을 세우지 못했다 뿐이지 다른 모든 면에서는 자신이 카이사르보다 우월하다고 여겼다. 그러나 전공에 대한 크랏수스의 열정은 불명예스러운 죽음과 공공의 재앙이 마침표를 찍을 때까지 그에게 어떤 휴식과 평온도 주지 못했다.

일은 이렇게 전개되었다. 카이사르가 갈리아에서 루카로 내려왔을 당시 여러 로마 사람들은 그곳까지 카이사르를 만나러 갔으며 그중에는 폼페이우스와 크랏수스도 섞여 있었다. 두 사람은 카이사르와 면담을 가졌고 세 사람은 좀 더 많은 힘을 행사하여 나라를 자신들의 손에 넣기로 결심했다. 카이사르가 자신의 군대에 대한 지휘권을 유지하는 동안 다른 두 사람은 추가적으로 영토와 군대를 차지하기로 한 것이다. 그러나 이 목적을 달성하려면 두 번째로 집정관에 오르는 수밖에 없었다. 폼페이우스와 크랏수스가 집정관 후보였던 만큼 카이사르는 동료들에게 편지를 쓰고 선거 때 두 사람을 지원할 병사들을 보내는 방식으로 협조하기로 했다.

XV.

카이사르와 합의에 이른 뒤 로마로 돌아온 크랏수스와 폼페이우스는 즉시 의심을 받게 되었다. 두 사람이 카이사르와 가진 면담이 순수한 목적에서 이루어진 것이 아니라는 소문이 파다했다. 원로원 의원 마르켈리누스와 도미티우스는 폼페이우스에게 집정관 선거에 출마할 것이냐고 물었다. 폼페이우스는 그럴 수도 있고 그러지 않을 수도 있다고 대답했다. 다시 한 번 같은 질문을 받자 선량한 시민들의 표는 모아야겠지만 그렇지 않은 시민들의 표는 필요 없다고 했다.

폼페이우스의 대답이 오만방자하다고 여겨졌기 때문에 크랏수스는 같은 질문에 좀 더 겸손하게 대답했다. 나라에 도움이 된다면 출마할 것이며 도움이 되지 않는다면 그러지 않을 것이라고 말한 것이다. 폼페이우스와 크랏수스의 모호한 대답에 여러 다양한 사람들이 집정관 선거에 출마할 용기를 얻었는데 그 가운데에는 도미티우스도 있었다.

그러나 폼페이우스와 크랏수스가 공식적으로 출마를 선언하자 나머지 사람들은 겁을 집어먹고 후보직을 사퇴했다. 그럼에도 카토는 동료이자 친지였던 도미티우스에게 계속해서 뛰라고 격려하고 희망을 놓지 말라고 자극했다. 그의 싸움이 곧 시민 공동의 자유를 위한 싸움이라는 확신을 가지도록 한 것이다. 카토는 크랏수스와 폼페이우스가 원하는 것이 집정관직이 아니라 독재정이며 두 사람의 행위는 관직을 얻으려는 단순한 유세가 아니라 지방의 영토와 군대를 손에 넣으려는 움직임이라고 말했다.

이같은 말과 이같은 심정으로 카토는 강요하다시피 후보 도미티우스를 포룸으로 몰았고 많은 사람들이 지지 의사를 밝혔다. 나아가 많은 사람들은 놀라움을 표하며 말했다.

"폼페이우스와 크랏수스가 또다시 집정관직에 오르려는 이유가 뭡니까? 게다가 왜 또 함께 하겠다는 겁니까? 왜 다른 동료를 선택하지 않습니까? 폼페이우스와 크랏수스의 동료 집정관이 될 자격이 있는 사람들이 없는 것도 아니잖습니까!"

시민들의 비난에 불안해진 크랏수스와 폼페이우스의 지지자들은 심한 분란이나 폭력도 주저하지 않았다. 심지어는 잠복하고 있다가, 새벽이 밝기도 전에 지지자들과 함께 포럼으로 내려오고 있는 도미티우스를 습격해, 횃불을 든 자를 죽이고 여러 사람들에게 상처를 입혔다. 부상자 가운데에는 카토도 끼어 있었다. 적을 굴복시키고 집 안에 가둔 폼페이우스와 크랏수스는 스스로를 집정관으로 선포했다. 그 직후 다시 한 번 연단을 무장한 병사들로 포위한 뒤 카토를 포럼에서 쫓아냈으며 저항하는 사람들을 죽이고 갈리아 지방관 카이사르의 임기를 5년 연장했다. 또 투표를 거쳐 쉬리아와 이베리아 지방을 손에 넣었다. 제비뽑기를 통해 크랏수스에게는 쉬리아가, 폼페이우스에게는 이베리아가 돌아갔다.

XVI.

제비뽑기의 결과는 모두에게 만족스러운 것이었다. 대부분의 사람들은 폼페이우스가 도시에서 멀지 않은 곳에 있기를 바랐다. 더구나 아내를 몹시 사랑했던 폼페이우스는 임기 대부분을 아내와 함께 보낼 예정이었다. 크랏수스는 결과가 나오자마자 무척 기뻐하며 그처럼 찬란한 행운은 난생처음이라는 듯 행동했다. 낯선 사람들 사이에서도 공공장소에서도 그는 가만히 있지 못했으며 절친한 사람들 사이에서도 공허하고 경솔한 자랑을 멈추지 못했다. 그것은 그의 나이로 보나 품성으로 보나 어울리지 않는 행동이었는데 그 일이 있기 이전에 그는 결코 허풍을 떨거나 호언장담을 하는 일이 없었기 때문이다.

그러나 너무 기쁜 나머지 이성을 잃다시피 한 그는 쉬리아나 파르티아에서 공을 세우는 것으로 그치지 않으려고 했으며 티그라네스에 맞선 루쿨루스나 미트리다테스에 맞선 폼페이우스의 원정을 어린아이 장난처럼 보이게 할 작정으로 희망의 날개를 펴고 머나먼 박트리아와 인디아,

바깥 바다까지 날아갔다.

　한편 크랏수스의 임무와 관련하여 통과된 법안은 파르티아 전쟁에 대해서는 아무런 언급도 하고 있지 않았다. 그러나 크랏수스가 이 전쟁을 하려고 안달이 나 있다는 사실을 모르는 사람은 없었고 갈리아에 있던 카이사르는 크랏수스의 계획을 지지하고 전쟁을 부추기는 서신을 보내기까지 했다. 그러나 민중 호민관이었던 아테이우스는 크랏수스가 도시를 떠나는 데 반대하겠다고 협박했다. 나아가 로마에 아무 잘못도 하지 않은 데다 협정을 맺은 관계이기까지 한 사람들을 상대로 전쟁을 치르겠다는 크랏수스에게 반대하는 사람들이 무리지어 일어났다.

　겁을 먹은 크랏수스는 폼페이우스에게 도움을 간청했다. 성 밖으로 나갈 수 있도록 호위를 부탁한 것이다. 폼페이우스가 군중들 사이에서 인기가 많았기 때문이다. 크랏수스가 지나가는 것을 막고 그를 비난하기 위해 진을 친 군중은 크랏수스 앞에 선 폼페이우스의 찬란한 낯을 보자마자 누그러져 소란 없이 길을 터주었다.

　반면 아테이우스는 크랏수스를 만나자마자 대화로 그를 만류하고 그가 원정에 나서는 것에 저항했다. 그래도 소용이 없자 수행원에게 크랏수스를 체포하고 감금하라는 명령을 내렸다. 그러나 다른 호민관들이 이를 허용하지 않았다. 수행원은 크랏수스를 놓아주었지만 아테이우스는 앞서 성문으로 달려간 다음 거기 불타는 화로를 놓았다. 그러고는 크랏수스가 성문으로 다가오자 그 위로 향과 제주를 던지며 저주를 퍼붓기 시작했다. 그 자체로도 무시무시하고 끔찍한 저주였으나 아테이우스는 온갖 낯설고 무서운 신들을 부르고 그들의 이름을 외며 저주를 강화했다.

　로마 사람들에 따르면 이 불가사의한 옛 저주의 힘은 실로 엄청난데 저주를 받은 사람은 절대 저주를 풀지 못하고 저주를 말하는 사람에게

조차 불행이 닥치기 때문에 이 저주를 내리는 사람은 많지 않으며 마구잡이로 말하는 사람도 없다. 따라서 시민들은 아테이우스를 원망했는데, 크랏수스를 향한 그의 분노가 비록 나라를 위한 것이었다 해도 결과적으로 로마 전체가 저주에 연루되었기 때문이다. 그리하여 로마는 미신적인 공포에 휩싸였다.

XVII.

아무튼 크랏수스는 브룬디시움에 이르렀다. 바다가 여전히 겨울 폭풍으로 험난할 때였으나 크랏수스는 기다리려고 하지 않고 배를 띄웠으며 그 결과 함선 여러 척을 잃었다. 그러나 그는 남은 병력을 이끌고 서둘러 육지로 올라 갈라티아를 지나갔다. 거기서 고령의 데이오타루스 왕이 새로운 도시를 세우고 있는 것을 발견하고 크랏수스가 비꼬며 말하였다.

"왕이시여, 날이 저물어 가는데 이제 짓기 시작하셨습니까?"

그러자 갈라티아의 왕이 웃으며 대답했다.

"임페라토르여, 파르티아로 원정을 떠나는 그대도 그다지 이른 아침에 출발한 것은 아닌 듯하오만."

당시 크랏수스는 환갑이 넘은 나이였으며 실제로는 더 늙어 보였다.

도착한 직후 일은 예상했던 대로 흘러갔다. 크랏수스는 에우프라테스 강에 손쉽게 다리를 놓았으며 무사히 군대를 강 저편으로 옮겼다. 그리고 제 발로 찾아와 고개 숙인 여러 메소포타미아의 도시들을 사로잡았다. 그러나 아폴로니우스라는 자가 독재자로 있던 어느 도시에서는 로마군 백 명이 죽임을 당했다. 따라서 크랏수스는 병력을 이끌고 도시를 쳤고 승리하여 재산을 빼앗은 다음, 시민들을 노예로 팔았다. 헬라스 사람들이 제노도티아라고 부르는 도시였다. 이 도시를 사로잡은 뒤 크랏수스는 병사들이 자신을 임페라토르라고 부르는 것을 허용했으며 이는 많은 비웃음을 샀다. 또 그처럼 사소한 것을 얻고 그토록 기뻐했다는 사실은 그가 나약한 정신을 가졌으며 앞으로 펼쳐질 보다 치열한 투쟁을 잘 치러낼 수 없으리라는 것을 암시했다.

이어서 크랏수스는 로마 편으로 넘어온 여러 도시에 중장비 보병 7천 명과 기병 천 명에 달하는 수비대를 배치한 뒤 자신은 겨울을 나기 위해 쉬리아로 들어갔다. 아들을 기다릴 목적이기도 했다. 갈리아에서 카이사르와 함께 있던 크랏수스의 아들은 무공 훈장을 달고, 기병 천 명으로 이루어진 정예 부대와 함께 아버지를 향해 오고 있는 중이었다.

이것은 크랏수스가 저지른 첫 번째 실수로 여겨진다. 따지자면 원정 자체가 그가 저지른 가장 큰 실수였으나 그다음으로 저지른 큰 실수가 바로 이것이었다. 서둘러 진군하여 파르티아와 적대 관계를 유지하고 있는 바뷜론과 셀레우케이아에 다다르지는 못할망정 적에게 준비할 시간을 준 것이다. 또한 쉬리아에서의 체류가 군사적인 목적이 아닌 금전적인 목적에 있었던 점 또한 크랏수스의 잘못으로 여겨졌다. 그는 병사들의 수를 헤아려 본다거나 운동 경기를 열기는커녕 도시들로부터 걷어야 할 세금의 액수를 계산해 보았으며 히에라폴리스의 여신이 얼마나 많은 보물을 갖고 있는지 셈하는 데 여러 날을 소비했다. 그리고 구역과 군주별로 각각 제공해야 할 병사들의 수를 배정했는데 그들이 돈을 건네 오는 족족 병사들을 보낼 의무를 면제해 줌으로써 그들의 존경을 잃고 경멸을 샀다.

그러자 히에라폴리스의 여신으로부터 첫 번째 경고 신호가 왔다. 사람들은 이 여신을 베누스라고 하기도 하고 유노라고 하기도 한다. 또 다른 사람들은 이 여신이, 수분으로 만물의 시작과 씨앗을 빚고 인류에게 모든 축복의 원천을 지시해 주는 자연적인 원인이라고 하기도 한다. 아무튼 히에라폴리스의 신전을 나오는 길에 먼저 아들 크랏수스가 발을 헛디뎌 문간에서 넘어졌고 그 위로 아버지 크랏수스가 넘어졌다.

XVIII.

크랏수스가, 여기저기 흩어져 겨울을 나고 있던 병력을 모으기 시작하자마자 파르티아의 왕 아르사케스가 보낸 사절단이 놀라우리만치 짧은 소식을 들고 왔다. 만약 군대를 보낸 것이 로마라면 아르사케스는 정전 협정이나 평화 협정 없이 전쟁을 치를 것이라고 했다. 그러나 알려진 대로 전쟁이 로마의 의도와 다르며 크랏수스가 단지 사적인 욕심을 채우기 위해 무기를 들고 파르티아로 건너와 영토를 점령한 것이라면 그를 심하게 다루지 않을 것이며 오히려 늙은 크랏수스를 딱히 여겨 아르사케스의 감시 아래 있던 자들을 로마에 넘겨주겠다고 했다.

* 파르티아의 왕 아르사케스(휘로데스)가 새겨진 동전.

이에 크랏수스는 거들먹거리며 대답은 셀레우케이아에서 주겠다고 했다. 그러자 사절단 가운데 가장 나이가 많은 바기세스가 폭소를 터뜨리며 손바닥을 내보였다.

"크랏수스 장군, 장군이 셀레우케이아를 밟기 전에 여기 털이 자랄 것입니다."

사절단은 휘로데스 왕 아르사케스에게 돌아가 전쟁을 치를 수밖에 없다고 말했다. 한편 로마가 수비대를 배치해 놓은 메소포타미아의 도시로부터 여러 병사들이 위험을 무릅쓰고 탈출하여 매우 중대한 소식을 전했다. 메소포타미아의 도시들이 적의 공격을 받을 당시 적의 숫자와 전투

방식을 목격한 병사들은 누구나 그러하듯 공포를 과장해 전달했다.

"놈들이 추격을 시작하면 벗어날 방법은 없습니다. 놈들이 도망을 가면 붙잡을 방도 또한 없습니다. 나타나기 직전에는 희한한 화살을 먼저 쏘아 보내는데 이 화살은 누가 쏘았는지 알기도 전에 가로막는 모든 것을 뚫습니다. 그리고 사슬 갑옷을 입은 기병들의 무기로 말할 것 같으면 무엇이든 뚫을 수 있는 것도 있고 그 무엇에도 뚫리지 않는 것도 있습니다."

이 소식을 들은 병사들은 사기가 떨어지기 시작했다. 그때까지 그들은 파르티아 병사들이, 루쿨루스가 지칠 때까지 약탈하고 짓밟은 아르메니아 병사들이나 심지어 캅파도키아 병사들과 크게 다르지 않다고 굳게 믿어온 터였기 때문이다. 로마군은 전쟁의 가장 어려운 부분이 파르티아까지의 긴 여정, 그리고 접근전을 피하는 적을 추격하는 일일 것이라고 생각했던 것이다.

따라서 일부 장교들은 크랏수스가 모든 것을 중단하고 전쟁 자체를 재고해야 한다고 생각했다. 그중에는 재무관 캇시우스가 포함되어 있었다. 예언자들 또한 제물에서 읽어낸 징조들이 하나같이 암울하고 상서롭지 못한 앞날을 점치고 있다고 넌지시 드러냈다. 그러나 크랏수스는 이에 아랑곳하지 않았으며 전진하라는 말 이외에는 그 어떤 조언도 듣지 않았다.

XIX.

무엇보다도 아르메니아의 왕 아르타바제스가 그에게 용기를 주었다. 왕이 기병 6천 명을 이끌고 크랏수스의 진영을 찾은 것이다. 기병들은 왕의 호위병이자 급사였다. 왕은 이 밖에도 갑옷으로 무장한 기병 1만

명과 보병 3만 명을 약속했고 이들을 유지하는 비용 또한 제공하기로 했다. 그리고 아르메니아를 거쳐 파르티아를 침략하라고 설득하기도 했는데 그렇게 하면 왕이 직접 제공하는 물자가 풍부한 길을 따라 군대를 이끌 수 있을 뿐만 아니라 더 안전하게 행군할 수 있었기 때문이다. 파르티아 군은 기병대에 모든 것을 의지하고 있었는데 로마군이 아르메니아 쪽에서 접근하면 기병대는 산이 많고 산등성이가 연이어 계속되는 지형, 그 밖에 말이 무용지물이 되는 지역을 지나야 했다.

크랏수스는 왕의 적극적인 태도와 그가 제공한 놀라운 지원군에 꽤나 기뻤지만 여러 용감한 로마 병사들을 수비대로 남겨둔 메소포타미아를 지나 진군하지 않을 수 없다고 했다. 이에 아르메니아 왕은 말을 타고 돌아갔다.

• 아르메니아의 왕 아르타바제스(아르타바스데스).

이윽고 크랏수스가 제우그마에서 군대를 이끌고 에우프라테스 강을 건너고 있었는데 범상치 않은 천둥이 연이어 내리치는가 하면 수많은 번개가 얼굴 위로 번쩍였다. 또 절반은 돌풍, 절반은 안개로 이루어진 바람이 선박을 때려 배의 여러 곳이 부러지고 부서졌다. 진영을 치려던 장소에도 벼락이 두 번이나 내리쳤다. 화려하게 장식된 어느 장군의 말은 몸부림을 치며 마부를 질질 끌고 강으로 뛰어들었고 곧 파도 밑으로 사라졌다. 또 처음으로 올린 독수리 표장은 저절로 방향을 바꾸었다고도 한다. 나아가 강을 건넌 뒤 처음으로 식량이 지급되었을 때 렌즈콩과 소금이 나왔다. 렌즈콩과 소금은 로마에서 애도의 상징으로 여겨지며 죽은 자에게 바치는 제물로 사용된다.

이것으로도 모자라 크랏수스 자신은 병사들에게 연설을 하다가 실언을 흘려 그들을 지독한 혼란에 빠뜨리고 말았다. 단 한 사람도 돌아갈 수 없도록, 강에 놓은 다리를 파괴해야 한다고 말한 것이다. 표현이 적절하지 못했다고 느낀 순간 발언을 취소하고 겁먹은 병사들에게 자신의 뜻을 좀 더 명확하게 밝혀야 했으나 크랏수스의 고집이 이를 허용하지 않았다.

그리고 마지막으로, 관습에 따라 군대를 정화하는 의식을 집전하던 중 크랏수스는 예언자가 건네준 희생 제물의 내장을 떨어뜨리고 말았다. 지켜보던 사람들이 이에 견딜 수 없는 불안감에 사로잡힌 것을 본 크랏수스는 미소를 짓고 이렇게 말했다.

"나이가 드니 이렇네. 하지만 무기는 떨어뜨리지 않을 테니 걱정하지 말게."

XX.

이후 크랏수스는 중장비 보병으로 이루어진 군단 일곱과 4천 명에 육박하는 기병, 그리고 비슷한 수의 경무장 보병을 이끌고 강을 따라 행군했다. 탐험을 마치고 돌아온 수색병들이 보고하기를 근방에 사람은 없지만 수많은 말발굽 자국이 있었는데 추격을 피해 말머리를 돌린 흔적이었다고 했다. 그러자 크랏수스는 더욱 기세등등해졌고 병사들은 파르티아 사람들과의 접근전이 벌어질 일은 없으리라고 믿으며 그들을 매우 우습게 여기기까지 했다.

그럼에도 캇시우스는 다시 한 번 크랏수스와 면담을 갖고, 수비대가 있는 도시에서 병력을 재정비하며 적에 대한 확실한 정보를 얻는 것이 무엇보다 중요하다고 조언했다. 그러나 그럴 수 없다면 적어도 강을 따라 셀레우케이아로 행군하자고 했다. 그러면 진영을 옮길 때마다 수송부대가 식량을 나르기 쉬울 터였고 언제나 적군과 같은 조건에서 마주서서 싸울 수 있었기 때문이다.

XXI.

크랏수스가 캇시우스의 제안을 살펴보고 고려하는 동안 어느 아라비아 부족장 아리암네스가 그를 찾아왔다. 그는 교활하고 미덥지 않은 자였으며 운명이 로마군의 멸망을 위해 조합한 온갖 해악 가운데 가장 결정적이고 완전한 해악이었던 것으로 드러났다. 폼페이우스의 지휘를 받으며 그 지방에서 싸워본 적이 있는 병사들은 아리암네스가 폼페이우스의 친절로 인해 덕을 본 것을 알고 있었으며 폼페이우스가 그를 로마와 한편으로 여긴다는 것도 알았다.

그러나 아리암네스는 크랏수스의 신임까지 얻으려고 노력했으며 파르티아 왕의 장군들도 이 사실을 알고 있었다. 아리암네스는 크랏수스를 강과 산기슭으로부터 가능한 멀리 떨어뜨리고 넓디넓은 평야로 이끌어 포위하고자 했다. 파르티아 군대는 로마와 전면으로 맞설 생각이 전혀 없었기 때문이다.

따라서 말재주가 뛰어난 이 이방인은 크랏수스를 접견하여 은인 폼페이우스를 칭찬하고 크랏수스의 병력을 칭송했다. 동시에 크랏수스가 지나친 준비와 늑장으로 시간을 낭비하고 있는 것을 비판하며 그에게 필요한 것은 무기가 아니라고 했다. 크랏수스가 확보해야 할 것은 손발이 빠른 병사들로, 로마군의 값진 재물과 노예를 훔쳐 스퀴티아 혹은 휘르카니아로 달아나려고 호시탐탐 기회를 노리는 작자들을 추격하기 위해서였다. 아리암네스는 이렇게 말을 이었다.

"만약 싸우고자 한다면 왕의 병력이 결집하고 왕이 용기를 되찾기 전에 서둘러야 합니다. 지금은 수레나와 실라케스가 로마의 추격을 막기 위해 앞장서고 있지만 왕은 어디에서도 모습을 드러내고 있지 않기 때문입니다."

그러나 이 모든 것은 사실이 아니었다. 휘로데스 왕은 재빨리 병력을 둘로 나누어 자신은 아르타바스데스아르타바제스를 벌하기 위해 아르메니아를 폐허로 만들고 있었으며 로마를 상대로 싸울 사람으로 수레나를 파견해 놓고 있었다. 이것은 전해진 바와 달리 그가 크랏수스를 우습게 보았기 때문이 아니다. 왕도 잘 알고 있었다. 누구보다 뛰어난 로마 시민인 적장 크랏수스를 무시하고 언제까지나 아르타바스데스를 상대로 아르메니아의 마을만을 공략하고 있을 수만은 없었다.

오히려 닥쳐올 위험을 극도로 두려워하고 있었기 때문에 수레나를 앞장 세워 전투에서 적을 시험하고 주의를 분산시키는 한편 자신은 뒤에서 사건의 전개를 면밀히 관찰한 것으로 보인다. 수레나 역시 평범한 사람은 아니었다. 가진 재산으로 보나 태생으로 보나 생각으로 보나 그는 왕과 나란히 설 수 있었고 용기와 능력으로 치면 당시 그를 능가할 파르티아 사람은 없었다. 키와 외모 또한 비할 사람이 없었다. 그는 사적인 일로 여행을 할 때에도 낙타 천 마리에 짐을 싣고 다녔으며 수레 2백 대에 애첩들을 나눠 태웠다. 그리고 갑옷을 입은 기병 천 명과 그보다 많은 경기병들이 그를 호위했다. 그가 거느린 기병과 하인, 노예를 다 합치면 적어도 1만 명이 넘었다. 게다가 그의 집안은 대대로 내려온 특권을 누렸는데 바로 파르티아의 왕의 머리에 왕관을 씌워줄 권리였다. 따라서 휘로데스가 파르티아에서 쫓겨났을 때 수레나는 그를 왕좌로 복귀시키고 왕을 위해 대大셀레우케이아를 사로잡았다. 이 전투에서 누구보다 먼저 성벽을 타고 오른 수레나는 자기 손으로 직접 적을 패배로 몰았다.

당시 서른이 채 되지 않은 나이였음에도 수레나는 분별력이 뛰어나고 영리하기로 명성이 드높았다. 크랏수스를 파멸로 몰고 간 것 역시 그의 이러한 능력이었다. 크랏수스는 처음에는 무모함과 자만심 때문에, 나중에는 두려움과 불행 때문에 속임수에 쉽게 넘어가고 말았다.

• 수레나 장군으로 추정되는 조각상.

•• 수레나 장군의 얼굴.

XXII.

 결국 이방인 아리암네스는 크랏수스를 설득하는 데 성공하였고 그를 강으로부터 꾀어내어 들판 한가운데로 이끌었다. 처음에는 쾌적하고 쉬운 길이었으나 곧 모래가 깊어지면서 이동이 힘들어졌다. 이윽고 나무도 물도 보이지 않았고 어디를 보아도 끝이 보이지 않았다. 목마름과 행군의 어려움만이 병사들을 지치게 한 것이 아니라 눈에 들어오는 것마다 그들을 감당할 수 없는 좌절로 가득 채웠다. 식물도 없고 냇물도 보이지 않았으며 경사진 언덕도, 자라나는 풀도 없는데 끝없이 넘실대는 모래 언덕만이 군대를 에워싸고 있었기 때문이다.

 이것만으로도 아리암네스의 배신을 의심하기 충분한 마당에 아르메니아 왕 아르타바스데스로부터 전령이 찾아와 그가 휘로데스와 치열한 싸움을 벌이고 있다고 알렸다. 휘로데스가 압도적인 병력을 이끌고 공격해 왔기 때문에 크랏수스에게 원군을 보낼 수 없다는 내용이었다. 왕은 오히려 크랏수스가 방향을 돌려 아르메니아 사람들과 합류한 뒤 휘로데스를 물리쳐야 한다고 조언하고 있었다. 다만 그럴 수 없다면 기병이 활개 칠 수 없는 산지로 행군하여 진영을 치라고 했다. 크랏수스는 소식을 듣자마자 분노에 휩싸여 답신을 보내지는 않고 심술만 부렸다. 당장은 아르메니아에 허비할 시간이 없으며 추후 그리로 향하여 배신한 아르타바스데스를 처벌하겠다고 장담한 것이다.

 캇시우스는 이 역시 마음에 들지 않았지만 자신에게 화가 나 있던 크랏수스에게 일찌감치 조언을 접은 터라 다만 사적인 자리에서 이방인 아리암네스를 비난했다.

 "비열한 놈. 어느 사악한 영혼이 널 우리에게 보냈느냐? 크랏수스 장군에게 무슨 약을 먹이고 요술을 부렸기에 장군이 군대를 입 벌린 모래의

나락으로 몰아넣고, 로마의 임페라토르가 아닌 방랑하는 도적 떼의 두목 따위에게나 어울리는 길을 가고 있는 것이냐?"

그러나 교묘한 작자였던 그 아라비아인은 비굴하기 그지없는 태도로 로마군을 격려했으며 조금만 더 견디라고 부추겼다. 그리고 병사들의 곁을 따라가며 도움을 건네는 가운데 가벼운 농담을 던지며 웃기도 했다.

"여기가 캄파니아인 줄 아십니까? 여기는 샘도 냇물도 그늘도, 목욕탕도 선술집도 없습니다. 그대들은 앗시리아와 아라비아의 경계를 지나가고 있다는 것을 기억하십시오."

이렇게 아리암네스는 로마인들을 훈계했고 자신의 속임수가 탄로 나기 전에 말을 타고 떠나버렸다. 그러나 크랏수스에게는 떠난다는 것을 숨기지 않았다. 심지어 로마군을 위해 적의 조언자들을 혼란에 빠뜨리기 위해 떠난다고 했으며 크랏수스는 이를 믿었다.

XXII.

그날 크랏수스는 로마 장군의 군복인 자줏빛 겉옷을 입는 대신 검은색 옷을 입고 나타났으며 자신의 실수를 알아채자마자 갈아입었다고 전해진다. 또한 기수들이 표장을 올리는 데 무척 애를 먹었다고 한다. 표장이 땅에 묻혀 있다시피 했기 때문이다. 크랏수스는 이러한 일들을 가볍게 여겨 넘기고 행군을 재촉했다.

그가 중장비 보병대로 하여금 기병대를 바짝 뒤따르도록 강요하는 가운데 수색을 나간 병사들 일부가 돌아왔다. 그들은 나머지 수색병들이 적의 손에 죽음을 당했고 그들 자신도 어렵사리 도주했으며 적장이 대규모 병력을 이끌고 자신감에 차서 싸우러 오고 있다고 전했다. 모두가 큰 불안에 빠진 것은 물론이다. 그러나 누구보다 크랏수스가 이성을 잃을 정도로 심한 공포감에 빠졌다. 그리하여 뚜렷한 일관성 없이 서둘러 전투 대형을 가다듬기 시작했다.

그는 먼저 캇시우스가 조언한 대로 들판을 따라 중장비 보병을 최대한 길게 늘어세웠다. 따라서 대열의 깊이는 깊을 수가 없었는데 이는 적의 포위를 방지하기 위함이었다. 기병대는 양 날개에 나누어 배치했다. 그러다가 마음을 바꾸어 병력을 다시 한곳에 집중시켰다. 전방을 넷으로 늘린, 속이 빈 사각형 모양으로 세운 것이다. 각각의 변은 12개 코호르스*로 이루어져 있었고 각 코호르스에는 기병 1투르마**를 배치했다. 이는 기병의 지원을 받지 않는 곳이 없고 어느 위치에서든 동일한 방어 태세를 갖추고 공격을 위해 전진할 수 있도록 하기 위함이었다. 크랏수스는 양 날개 가운데 하나는 캇시우스에게, 다른 하나는 아들 크랏수스에게 맡기고 자신은 중앙에 자리를 잡았다.

이 대형을 유지하며 진격하던 로마군은 발릿소스라는 냇물에 이르렀다. 그다지 넓지도 않고 물이 풍부하지도 않은 냇물이었지만 당시 병사들은 목이 마르고 열기에 지쳐 있었으며 한참동안 물 없이 행군을 지속하고 있었던 터였기 때문에 냇물을 보고 무척 기뻐했다. 따라서 대부분의 장교들은 그곳에서 하룻밤 야영을 해야 한다고 생각했다. 그리고 적의 숫자와 상태에 대해 최대한 많은 정보를 캐낸 뒤 날이 밝으면 진군하자고 했다.

그러나 크랏수스는 진군하여 전투를 벌여야 한다고 부추기는 아들과 아들이 지휘하는 기병대의 열의에 흥분했다. 따라서 먹고 마실 자는, 대열을 이탈하지 않은 채 그렇게 할 수 있으면 하라고 명령했다. 그리고 병사들이 다시 떠날 채비를 하기도 전에 행군을 재촉했다. 흔히 전투를 하

• 로마군의 한 단위. 병사 6백 명으로 이루어져 있다.
•• 로마 기병대의 한 단위. 30명으로 이루어져 있다.

러 가는 길에는 때때로 멈추기도 하며 느리게 이동하지만 크랏수스는 그렇게 하지 않았다. 로마군은 빠르고 지속적인 걸음을 유지했고 이윽고 적이 시야에 들어왔다.

놀랍게도 적은 그 수가 많지도 않았고 위협적으로 보이지도 않았다. 수레나가 전위 부대의 뒤편에 주 병력을 숨겨놓았기 때문이다. 그는 또 병사들에게 옷이나 가죽으로 몸을 덮어 갑옷의 광채를 숨기라고 명령해 두기도 했다. 그러나 로마군이 근접하고 지휘관이 신호를 올리자 먼저 깊고 무시무시한 굉음으로 들판을 가득 채웠다. 파르티아 사람들은 뿔이나 나팔로 사기를 높이는 대신 가죽을 팽팽하게 당겨 붙인, 속이 빈 북을 쓴다. 청동으로 만든 종으로 뒤덮인 이 북을 여러 군데에서 한꺼번에 울려대면 북은 낮고 음산한 소리를 자아내는데 이는 마치 날짐승의 포효와 거친 천둥소리를 섞어놓은 듯하다.

XXIV.

로마군이 이 소리를 듣고 혼란에 빠져 있는 사이 적이 갑자기 갑옷을 덮고 있던 옷을 벗어던졌다. 그러자 투구와 가슴받이가 드러나 적병들이 마치 불타오르는 듯했다. 마르기아네 산 무쇠로 만든 갑옷과 투구는 눈부시고 날카롭게 빛나고 있었으며 적의 군마 역시 청동판과 철판을 두르고 있었다. 그중에도 수레나가 가장 키가 크고 아름다웠는데 여성스러운 미모가 용맹스럽다는 명성과 썩 잘 어울리는 것은 아니었다. 얼굴에 칠을 하고 머리카락을 가른 그의 차림새는 메디아 사람에 가까웠다. 다른 파르티아 사람들은 좀 더 위협적으로 보이기 위해, 여전히 스퀴티아 식으로 긴 머리를 이마 위로 모아 묶고 있었다.

처음에 그들은 장창을 들고 로마군에게 달려들어 맨 앞줄에 있는 병사들을 혼란에 빠뜨리려고 했다. 그러나 로마군의 대열이 생각보다 깊은 것과 그들이 방패를 겹쳐 들고 꿋꿋하고 차분하게 버티고 선 것을 보고 주춤했다. 이어서 파르티아 군은 대열을 이탈하여 흩어지는 척하다가 크랏수스가 미처 눈치를 채기도 전에 로마군이 구성하고 있던 빈 사각형 모양의 대형을 에워쌌다.

크랏수스가 경장비 보병들에게 돌격을 명령했을 때 보병들은 멀리 진격해 보지도 못하고 쏟아지는 화살을 피해 중장비 보병들 사이로 후퇴했다. 중장비 보병들 사이에서도 혼란과 두려움이 시작되었는데 그들 역시 화살의 속도와 힘을 깨닫기 시작했기 때문이다. 파르티아 군의 화살은 갑옷을 뚫을 수 있었다. 단단한 옷이든 부드러운 옷이든 모든 피복을 뚫을 수 있었던 것이다.

어느새 파르티아 병사들은 서로 멀찍이 떨어져 선 채 온 사방에서 한꺼번에 활을 쏘기 시작했다. 그들은 화살을 정확히 조준하지도 않았는데 로마 병사들의 대형이 워낙 밀도가 높아 맞추고 싶지 않아도 맞출 수밖에 없었기 때문이다. 파르티아 병사들은 거세고 힘차게 화살을 쏘아댔다. 강력한 힘으로 화살을 밀어내기 위해 특별히 크고 튼튼하게 제작하여 잔뜩 구부린 활을 이용해서였다.

로마군은 단번에 처참한 지경에 빠졌다. 대열을 유지하면 수많은 병사들이 부상을 입을 것이 분명했고 적과 접근전을 하려고 해도 큰 효과를 보지 못한 채 상당한 피해를 입을 터였다. 파르티아 병사들이 후퇴하며 화살을 쏘아댔기 때문인데 그들은 스퀴티아 사람들 다음으로 여기 능했다. 싸움을 하면서 안전을 확보하는 것은 매우 똑똑한 전략이며 이렇게 하면 후퇴를 한다고 해서 수치를 느끼지도 않는다.

XXV.

적의 화살이 언젠가는 떨어질 것이며 떨어지면 적이 전투를 그만두거나 접근전에 임할 것이라는 기대가 있는 한 로마군은 버틸 수 있었다. 그러나 처음 로마군을 포위했던 파르티아 병사들이, 화살을 잔뜩 짊어진 낙타로부터 새로운 화살을 보급받는 것을 목격하자 끝을 알 수 없었던 크랏수스는 용기를 잃기 시작했다. 그리하여 아들에게 전령을 보내, 포위당하기 전에 적과 교전할 것을 명령했다. 적이 아들이 맡고 있는 날개를 집중 공격하고 있었으며 적의 기병들은 후방을 치기 위해 포위를 시도하고 있었기 때문이다.

젊은 아들 크랏수스는 카이사르가 보낸 기병 천 명을 포함하여 기병 총 1만 3천 명, 사수 5백 명, 그리고 가장 가까이 있던 중장비 보병 8개 코호르스를 이끌고 공격을 감행했다. 그러나 그를 에워싸려고 했던 파르티아 병사들은, 일부 사람들이 전하는 대로 늪을 만났기 때문인지 아니면 푸블리우스 크랏수스를 아버지로부터 되도록 먼 곳에서 공격하려고 했기 때문인지는 몰라도 등을 돌리고 후퇴를 시작했다. 푸블리우스는 적이 도망친다고 외치며 말을 타고 추격했고 켄소리누스와 메가박코스도 그를 따랐다. 메가박코스는 용기와 힘이 특출한 사람이었고 원로원 계급이었던 켄소리누스는 뛰어난 연설가로도 유명했다. 두 사람 모두 푸블리우스의 동료였고 나이도 거의 비슷했다. 기병대도 푸블리우스를 따랐고, 희망이 불어넣은 열의와 기쁨에 심지어 보병대까지 뒤처지지 않고 뒤따랐다. 전투가 자신들의 승리로 끝났으며 패주하는 적을 추격하고 있다고 착각했기 때문이다.

꽤 먼 길을 간 끝에야 그들은 함정에 빠진 것을 깨달았다. 도망가는 것으로 보였던 적들이 방향을 바꾸었고 동시에 더 많은 병력이 합류했기 때문이다. 로마군은 아군의 수가 워낙 적었으므로 적이 접근전을 펼치리라는 생각에 제자리에 멈추었다. 그러나 파르티아 사람들은 사슬 갑옷을 입은 기병들을 로마군 앞에 세우고 나머지 기병들은 주위에 띄엄띄엄 흩어놓았다. 이들은 말에 탄 채 땅을 헤집어 땅속 깊은 곳으로부터 모래 구름을 일으켰다. 먼지는 끝없이 비가 되어 내렸다.

• 화살을 쏘는 파르티아 기병. 영국박물관.

로마 병사들은 앞을 제대로 볼 수도, 똑바로 말을 할 수도 없었다. 다만 비좁은 공간에 갇혀 뒤엉켜 넘어졌으며 화살에 맞아 죽었다. 수월하지도 신속하지도 않은 죽음이었다. 화살에 맞은 병사들은 몸서리쳐지는 고통에 뒤척이다가 박힌 화살을 그대로 부러뜨리거나 핏줄과 힘줄을 꿰뚫은 화살촉을 억지로 빼려다가 상처를 더 심하게 찢거나 손상시켰다.

이렇게 수많은 병사들이 죽었고 살아남은 자들조차 더 이상 전투를 계속할 수 없었다. 푸블리우스가 사슬 갑옷을 입은 적의 기병을 공격하라고 명령을 내렸지만 부하들은 화살에 꿰뚫려 방패에 고정된 손, 땅에 고정된 발을 보이며 후퇴도 방어도 불가능하다는 것을 알렸다. 그러자 푸블리우스가 나서 기병들의 사기를 북돋으며 함께 적에게 돌진했고 전투가 벌어졌다. 그러나 푸블리우스는 공격에서도 방어에서도 적의 상대가 되지 못했다. 그가 던진 것은 작고 약한 창으로, 생가죽과 무쇠로 된 적의 가슴받이를 뚫지 못한 반면 적의 창은 가볍게 무장한 갈리아 사람들의 맨몸을 겨누었기 때문이다.

푸블리우스는 갈리아 병사들에게 크게 의지하고 있었는데 그들은 실로 놀라운 일들을 해냈다. 갈리아 병사들은 파르티아 병사들의 긴 창을 손으로 잡고 드잡이한 끝에, 갑옷의 무게 때문에 움직이기가 쉽지 않았던 적병을 말에서 끌어내렸다. 또한 많은 갈리아 병사들이 자신의 말을 포기하고 적의 말 아래로 기어들어가 배를 찔렀다. 말은 고통을 참지 못하고 몸부림치며, 구분할 수 없게 뒤섞인 아군과 적군 기병들을 함께 짓밟으며 죽어갔다.

그러나 갈리아 사람들은 익숙하지 않은 열기와 목마름 때문에 고통받고 있었다. 게다가 군마의 대부분이 적의 긴 창에 찔려 죽은 뒤였다. 따라서 그들은 심한 부상을 입은 푸블리우스를 데리고 중장비 보병들이 있는 곳으로 후퇴할 수밖에 없었다. 가까운 곳에 나지막한 모래 언덕이 있는 것을 본 갈리아 사람들은 그곳으로 후퇴해 먼저 말을 묶은 뒤 말을 에워싸고 서서 밖을 향해 방패를 맞물려 들었다. 이것이 적에게 더 효과적으로 맞설 수 있는 방식이라고 여겼기 때문이다. 그러나 결과는 그 반대였다.

평지에서는 앞줄에 있는 병사들이 어느 정도까지는 뒤에 있는 병사들의 보호막이 되어줄 수 있다. 그러나 경사진 언덕으로 인해 병사들의 높이가 달랐고 특히 뒤에 선 병사들이 앞의 병사들보다 더 높이 솟아 있는 상황에서 공격을 피해갈 수 있는 방법이란 없었다. 병사들은 골고루 화살에 맞았으며 불명예스럽고 무력한 죽음을 몹시 슬퍼했다.

한편 푸블리우스는 근방 카르라이 출신의 두 헬라스 사람, 히에로뉘모스 그리고 니코마코스와 함께 있었다. 두 사람은 푸블리우스에게, 로마를 지지하는 이크나이가 멀지 않으니 그곳으로 피할 것을 권했다. 그러나 푸블리우스는 자신을 위해 목숨 바친 이들을 버릴 만큼 죽음이 두렵지는 않았다. 그는 두 헬라스 사람들에게 도망쳐 목숨을 부지할 것을 명령하고 작별 인사를 한 뒤 떠나보냈다. 그런 다음, 화살에 맞아 손을 쓸 수 없었던 자신은, 방패를 나르는 수행원에게 옆구리를 내밀며 망설임 없이 칼로 찌를 것을 명령했다.

켄소리누스 역시 같은 방식으로 죽었다고 전해진다. 그러나 메가박코스는 스스로 목숨을 끊었고 대부분의 주요 인사들도 그렇게 했다. 살아남은 자들은 끝까지 싸웠으나 언덕으로 올라온 파르티아 사람들이 긴 창으로 이들을 땅에 꽂았고 생포된 자들은 5백 명이 넘지 않았다고 전해진다. 그런 뒤 파르티아 군은 푸블리우스의 머리를 자르고 단숨에 크랏수스를 공격하기 위해 말머리를 돌렸다.

XXVI.

크랏수스가 처한 상황은 다음과 같았다. 아들에게 파르티아 군을 공격하라고 명령한 그는 적이 저 멀리 패주하였으며 격렬히 추격당하고 있다는 소식을 듣고, 또 자신이 상대하고 있던 적의 대부분이 푸블리우스가 있는 곳으로 빠져나간 후 적의 공격이 주춤하는 것을 보고 약간의 용기를 되찾았다. 그리하여 병사들을 모아 경사진 곳으로 대피시켰다. 푸블리우스가 곧 추격을 마치고 돌아오리라는 생각에서였다.

한편 위험에 빠진 푸블리우스가 아버지에게 보낸 첫 번째 전령은 적과 마주쳐 죽임을 당했다. 그 뒤에 보낸 전령들은 어렵사리 크랏수스에게 도달하여, 신속히 충분한 지원병을 보내지 않으면 푸블리우스가 패배할 것이라고 알렸다. 크랏수스는 여러 상충하는 감정에 빠져들었고 그 무엇도 침착하게 분별력을 가지고 판단할 수 없었다. 군을 생각하면 아들의 청을 거절해야 했으나 아들에 대한 간절한 사랑이 도움을 건네고 싶게 만들었다. 마침내 그는 군을 이끌고 전진하기 시작했다.

그러나 이 시점에서 적이 그 어느 때보다 커다란 공포를 유발하는 소음을 일으키고 함성을 질렀으며, 적의 북소리는 두 번째 전투의 시작을 기다리는 로마군을 에워쌌다. 이어서 푸블리우스의 머리를 긴 창 위에 꽂은 적병들이 로마군 가까이 다가와 머리를 내보이며, 푸블리우스의 부모와 가족이 누구냐고 비꼬듯 물었다. 크랏수스처럼 저열하고 비겁한 자가 그토록 고귀하고 눈부신 용기를 가진 아들을 가졌을 리 만무하다고 말한 것이다.

이 광경은 그동안 로마군이 겪었던 그 어느 끔찍한 고초보다 그들의 사기를 산산이 조각내고 맥을 풀어버렸다. 그들은 예상과 달리 복수심에 가득 차는 대신 벌벌 떨기 시작했다. 그럼에도 크랏수스는 그 끔찍한 순간에 그 어느 때보다 눈부신 능력을 보였다고 전해진다. 전열을 누비며 이렇게 외친 것이다.

"전우들이여, 슬픔은 내 것이다. 나 하나만의 것이다. 그러나 로마의 위대한 영광은 아직 굴복하지 않았고 그대들 안에 끈질기게 살아 있다. 그대들 자신도 아직 죽지 않고 멀쩡하지 않은가? 누구보다 고귀한 아들을 잃은 내가 애처롭다면 그 마음을 적에 대한 분노로서 나타내야 한다. 적의 기쁨을 빼앗고 잔인함을 앙갚음하라. 이미 벌어진 일에 기가 꺾이면 안 된다. 큰 업적을 이루려면 큰 고통을 겪어야 하는 법이다. 루쿨루스 장군이 티그라네스 왕과 싸워 이겼을 때에도, 스키피오 장군이 안티오코스를 이겼을 때에도 적잖은 피를 쏟았다. 또 우리의 아버지들은 시켈리아 해상에서 배를 수천 척 잃기도 하였고, 이탈리아 땅에서는 수많은 로마의 장군과 임페라토르가 패배를 겪고도 다시 일어나 승자를 꺾었다. 로마가 지금처럼 넘치는 권력을 누리게 된 것은 운이 좋아서가 아니다. 로마를 위해 위험과 맞선 이들의 차분한 끈기와 용기 덕분이다."

XXVII.

그럼에도 크랏수스의 격려의 말을 귀 기울여 듣는 병사들은 많지 않았다. 크랏수스는 함성을 지르라고 한 뒤에야 비로소 병사들이 얼마나 낙담하고 있는지 알게 되었다. 로마군의 함성은 소리가 작고 약하고 일정하지 않은 반면 적의 소리는 명확하고 당당했다.

곧 움직이기 시작한 적은 먼저 경기병들을 로마군의 측면으로 보내 화살로 공격하게 했다. 전면에서는 사슬 갑옷을 입은 기병들이 긴 창을 휘두르며 로마 병사들을 계속해서 좁은 공간으로 밀어 넣었다. 일부는 화살에 맞아 죽는 것을 피하기 위하여 적을 향해 용감히 그리고 필사적으로 돌진하였으나 적에게 큰 피해를 입히지 못한 채 크고 치명적인 부상만 입고 신속한 죽음을 맞았다. 파르티아 사람들이 말을 향해 던진 창은 무쇠라서 무거웠고 종종 두 사람을 한꺼번에 뚫을 만한 힘으로 날아왔기 때문이다.

• 로마군을 제압한 파르티아 군대. 알프레드 J. 처치의 『창과 투구(Helmet and Spear)』에 수록된 삽화. 창끝에 푸블리우스 크랏수스의 머리가 보인다.

파르티아 사람들은 밤이 올 때까지 이렇게 싸우다가 철수했다. 크랏수스에게 하룻밤 동안 아들의 죽음을 슬퍼할 기회를 주기로 한 것이다. 그러나 아르사케스 왕 앞에 끌려가는 대신 제 발로 가겠다고 한다면 왕이 은혜를 베풀 것이라고 덧붙였다.

근방에서 야영 준비를 마친 파르티아 군은 희망에 차 있었다. 반면 로마군에게는 괴로운 밤이었다. 그들은 죽은 자들을 묻지도, 상처를 입거나 죽어가는 자들을 돌보지도 않았다. 모두가 자신의 운명만을 슬퍼하고 있었다. 날이 밝기를 기다리든 밤을 틈타 끝없는 들판으로 떨어지든 탈주는 불가능해 보였다. 부상자들 때문에 상당히 난감하기도 했다. 데리고 가면 탈주가 어려워질 터였고 버려두고 가면 부상자들의 외침이 적에게 탈주를 알릴 터였기 때문이다.

　병사들은 모든 불행을 크랏수스의 탓으로 돌리면서도 그의 얼굴을 보고 목소리를 듣고 싶어 했다. 그러나 크랏수스는 어둠에 휩싸인 채 홀로 바닥에 누워 있었다. 보통 사람에게 그는 운명의 변덕을 보여주는 상징이었고 현명한 사람에게는 어리석은 야망의 본보기였다. 야망으로 인해 그는, 수많은 사람들 가운데 뛰어나고 위대한 사람이 되는 것으로 만족하지 못하고 단 두 사람에 비해 월등하지 못하다고 해서 모든 면에서 부족하다고 느꼈다.

　이 무렵 지휘관 옥타비우스와 캇시우스가 크랏수스의 사기를 돋우고 격려해 주고자 나섰다. 그러나 크랏수스가 처절한 절망에서 헤어 나오지 못하고 있었기에 두 사람은 각자의 권한을 이용하여 백인대장을 비롯한 장교들을 불러 모았다. 그들은 숙고 끝에 떠나기로 결정하였으며 나팔 신호 없이 조용히 군대를 움직였다. 그러자 병들고 상처 입은 병사들은 동지들이 자신을 버리고 떠나고 있음을 깨달았고 끔찍한 혼란과 무질서가 신음, 고함 소리와 함께 진영을 가득 채웠다.

　이후 전진할 때에도 병사들은 당황하며 허둥지둥하였는데 적이 쫓아오는 것이 확실하다고 생각했기 때문이다. 병사들은 자주 방향을 바꾸었으며 전투 대형으로 서기도 여러 번이었다. 또 뒤따라온 부상자 가운데 일부는 들쳐 업어야 했고 일부는 눕혀야 했기 때문에 좀처럼 서두를 수가 없었다.

　그러나 이그나티우스 휘하의 기병 3백 명은 자정 즈음에 카르라이에 도착했다. 이그나티우스는 성벽에 있던 보초들에게 로마어로 말을 걸었고 그들이 답하자 지휘관 코포니우스에게, 크랏수스 장군과 파르티아군 사이에 심각한 전투가 있었다고 전하도록 했다. 그리고 다른 말없이, 자신이 누구인지 밝히지도 않은 채 제우그마로 말을 몰았다. 그는 자신과 부하들의 목숨은 살렸지만 장군을 버린 죄로 오명을 얻었다.

그러나 그가 당시 코포니우스에게 전달한 소식은 크랏수스에게 작은 도움이 되었다. 코포니우스는 서둘러 간략하게 전달된 그 소식이 좋은 소식일 리 없다고 생각해 부하들을 무장시키고 크랏수스가 오고 있다는 소식을 듣자마자 마중을 나가 그를 무사히 구하고 병사들을 호위하며 성안으로 안내했다.

XXVIII.

밤사이 파르티아 군은 로마군이 도주하고 있다는 사실을 알았음에도 추격하지 않았다. 그러나 날이 밝자마자 로마군의 진영에 남아 있던 모든 사람들을 공격해서 죽였는데 이는 4천 명에 달했다. 그런 다음 들판에서 헤매고 있던 여러 병사들 또한 사로잡았다. 한편 지휘관 바르곤티누스가 밤사이 주 병력으로부터 분리되도록 내버려 둔 4개 코호르스는 길을 잃고 언덕진 곳에서 포위되었다. 이 가운데 스무 명을 제외한 모든 병사들이 싸우다 칼에 베여 죽었다. 칼을 뽑아 들고 겁 없이 파르티아 병사들 사이를 돌파하려고 시도한 스무 명은 그 용기를 가상하게 여긴 적병들이 길을 열어주고 지나가도록 내버려둔 덕에 유유히 카르라이로 행군할 수 있었다.

한편 수레나에게는 사실과 다른 소식이 보고되었다. 크랏수스가 다른 지위가 높은 자들과 함께 탈주에 성공했으며 카르라이로 흘러들어 간 도망자들은 신경 쓸 가치도 없는 어중이떠중이들이라는 정보였다. 따라서 수레나는 승리의 열매를 놓쳤다고 생각했지만 의심을 떨칠 수 없었고, 진실을 알고 싶었던 까닭에 카르라이로 수행원을 보냈다. 크랏수스가 성안에 있다면 기다렸다가 포위 공격을 하거나 그것이 아니라면 카르라이는 내버려두고 크랏수스를 추격할 요량이었다.

두 언어를 모두 할 수 있었던 수레나의 수행원은 명령에 따라 성벽으로 다가가 로마어로 전달하기를 수레나가 크랏수스나 캇시우스에게 회담을 요청하고 있다고 했다. 소식을 들은 크랏수스는 회담에 긍정적인 답변을 보냈다. 그런 뒤 얼마 후 적은 크랏수스와 캇시우스의 얼굴을 잘 알고 있는 아라비아 사람들을 보냈다. 전쟁이 벌어지기 전 로마 진영에 머무른 적이 있는 자들이었다. 이들은 캇시우스가 성벽에 서 있는 것을 보고, 수레나가 휴전을 제안하고 있으며 로마가 왕과 동맹을 맺고 메소포타미아를 떠난다면 무사히 보내주겠다고 했다. 이것이 극단적인 방법보다 양측에 더 유리하기 때문이었다. 캇시우스는 제안을 받아들이고 회담이 열릴 시간과 장소를 정해달라고 부탁했다. 아라비아 사람들은 그렇게 하겠다고 말하고 말을 타고 떠났다.

XXIX.

수레나는 두 적장이, 포위 공격이 가능한 곳에 있다는 것이 기뻤다. 정해진 날이 되자 그는 파르티아 군을 이끌고 성벽으로 다가갔다. 그들은 로마 사람들에게 욕지거리를 하며, 휴전을 원한다면 크랏수스와 캇시우스에게 족쇄를 채워 내보내라고 하였다. 속았다는 것을 깨달은 로마군은 고민에 빠졌고, 먼저 크랏수스에게 아르메니아 지원군이 오리라는 멀고 헛된 희망을 버리라고 이른 뒤 카르라이 사람들 몰래 도주할 준비를 했다.

그러나 신의를 모르는 안드로마코스가 이를 알아버렸다. 크랏수스가 그에게 비밀을 말했을 뿐만 아니라 탈주로를 안내할 것을 부탁했기 때문이었다. 안드로마코스로부터 구체적인 사항까지 전달받은 파르티아 군은 모든 것을 알게 되었다. 그러나 파르티아 사람들은 밤에 싸우지 않는 것을 관례로 하고 있었고 밤에 전투를 하는 것이 쉬운 일도 아니었다. 따라서 크랏수스가 밤을 틈타 성을 나서자 안드로마코스는 도망자들을 이끌고 이 길로 들어섰다 저 길로 들어섰다 하며 추격자들이 심하게 뒤처지지 않도록 머리를 썼다. 그가 마침내 병사들을 이끌고 접어든 곳은 깊은 늪지대가 있고 사방이 웅덩이인 지역이었다. 이는 여전히 그의 안내를 따르고 있던 자들의 행군을 길고 어렵게 만들었다.

'여전히'라고 하는 것은, 안드로마코스가 자꾸만 구불구불한 길을 돌고 돌자 이것을 심상치 않다고 여겨 그를 따라가지 않은 자들이 있었기 때문이다. 실제로 캇시우스는 카르라이로 돌아갔다. 길을 안내하던 아라비아인들이, 달이 전갈자리를 지날 때까지 기다리라고 권하자 그는 전갈자리보다 '궁수'자리가 더 두렵다고 말하며 기병 5백을 데리고 쉬리아로 말을 몰았다. 그 밖에 다른 사람들 또한 믿을 만한 이들의 안내를 받아 신나카라는 언덕 많은 지방에 다다랐고 날이 밝기 전에 몸을 숨겼다. 약 5천 명에 달하는 이들은 용감한 옥타비우스의 지휘 아래 있었다.

한편 습지를 비롯한 곤란한 지형에 갇혀 버린 크랏수스는 날이 밝자 안드로마코스의 함정에 완전히 빠져들었다. 당시 그와 있었던 로마군은 중장비 보병 4개 코호르스와 다 합해도 몇 되지 않는 기병, 그리고 수행원 다섯이었다. 크랏수스가 이들과 함께 다시금 길 위로 올라섰을 때 곧장 적이 추격해 왔다. 옥타비우스와 만나려면 12스타디움을 더 가야 했으므로 그는 또다시 가까운 언덕 위로 피할 수밖에 없었다. 기병이 다니기 어렵지 않았고 그다지 유리한 위치도 아니었으나 마침 신나카 바로 아래에 위치해 있었고 들판을 가로지르는 긴 산등성이가 신나카까지 이어져 있었다. 그리하여 위험에 처한 크랏수스 일행의 모습이 옥타비우스의 눈에 띄게 되었다.

옥타비우스는 먼저 부하들 일부만 데리고 보다 높은 곳에서 도움을 주었다. 그러자 나머지 부하들도 스스로의 비겁함을 책망하며 앞으로 돌격해 적을 덮쳤다. 언덕에서 쏟아져 내려오며 크랏수스를 에워싼 그들은 방패로 그를 보호하며 마지막 한 명이 죽을 때까지 파르티아의 화살로부터 임페라토르를 지켜내겠다고 당당히 선언했다.

XXX.

한편 부하들의 공격이 주춤하는 것을 목격한 수레나는, 밤이 되면 로마군이 언덕진 지방으로 달아나 영영 붙잡지 못하게 될 것을 우려해 꾀를 부렸다. 먼저 자신의 진영에 붙잡혀 있던 로마군 포로들을 풀어준 것이다. 포로들은 붙잡혀 있는 동안 적병들이 나눈 대화를 듣고 이를 전달했다. 이 대화의 내용은 물론 수레나가 꾸민 것이다. 이 대화에 따르면 왕은 로마와의 전쟁이 잔혹해지는 것을 원치 않았으며 크랏수스에게 호의를 보여 로마와 다시 우호 관계를 맺고자 했다. 그 사이 적은 싸움을 멈추었고 수레나는 상급 장교들과 함께 조용히 말을 타고 언덕을 올랐다. 그리고 활을 풀고 오른손을 내밀며 크랏수스에게 타협을 요청했다.

"제가 왕의 바람을 어기고 장군의 용맹과 힘을 시험했습니다. 왕께서는 너그러움과 호의를 보이기 위하여 장군이 철수한다는 조건 아래 휴전 협정을 맺고자 하시며 무사 귀환을 보장하고자 하십니다."

수레나가 이와 같이 말하자 나머지 로마 사람들은 그의 제안을 기꺼이 받아들이며 기뻐했다. 그러나 크랏수스는 번번이 적의 속임수에 피해를 본 데다 그들의 갑작스러운 태도 변화를 이상하게 여겼기 때문에 아무 대답도 하지 않은 채 문제를 고심해 보기로 했다. 하지만 부하들은 고함을 지르며 제안을 받아들이길 권했고 이어서 그를 비난하고 욕하기에 이르렀다. 무기를 놓고 온 적과 협상할 용기도 없는 주제에 부하들을 또다시 전장으로 내몰고 있다고 불평한 것이다.

크랏수스는 처음에는 간청을 하기도 하고 이치를 따져가며 설득하기도 했다. 밤이 올 때까지만 버티면 밤새 산속으로 숨어들어 험준한 지역에 다다를 수 있다는 주장이었다. 그는 산속으로 향하는 길을 보여주고 코앞에 숨을 곳이 있는데 희망을 버리지 말라고 부추겼다. 그러나 부하들이 분노하며 무기를 서로 부딪쳐 그를 위협하자 그는 잔뜩 겁을 먹고 수레나를 향해 움직이기 시작했다. 그리고 가다 말고 돌아서서 말했다.

"옥타비우스여, 페트로니우스여, 그리고 이 자리에 있는 모든 로마의 장교들이여, 보이는가. 나는 가지 않으면 안 되기 때문에 가는 것이네. 그대들은 내가 겪고 있는 이 수치스러운 폭력의 목격자가 되어 주게. 그러나 무사히 고향에 도착하면 세상 사람들에게 전하게. 내가 죽은 것은 적의 꾀에 넘어갔기 때문이네. 동료 시민들의 손에 넘겨졌기 때문이 아니네."

XXXI.

그러나 옥타비우스와 그 주변에 있던 이들은 그곳에 남지 않고 크랏수스와 함께 언덕을 내려갔다. 수행원들도 뒤를 따랐는데 크랏수스는 이들을 억지로 돌려보냈다. 가장 먼저 크랏수스 일행을 맞은 두 적병은 절반은 헬라스의 피가 섞인 사람들로 말에서 뛰어내려 예의를 갖추었다. 그리고는 헬라스 말로, 수레나와 그의 일행이 갑옷이나 무기 없이 회담에 나섰다는 것을 확인하기 위해 먼저 사람들을 보내라고 하였다. 크랏수스는 목숨을 걱정했다면 그들의 손안으로 들어오지조차 않았을 것이라고 말했다. 그럼에도 로스키우스 형제 둘을 보내 회담의 규모 및 조건을 알아보게 했고 수레나는 이들을 즉시 붙잡아 감금했다. 그리고 자신은 주요 장교들과 말에 탄 채로 이렇게 말했다.

"이런? 로마의 임페라토르께서 말도 없이 땅 위에 서 계시지 않은가?"

그는 사람들을 시켜 크랏수스가 탈 말을 가져오도록 했다. 이에 크랏수스가 각자 자기 나라의 관례를 따르고 있으니 아무 문제가 없다고 대답했다. 이어서 수레나는 휘로데스 왕과 로마 사이에 휴전과 평화가 시작되었음을 알렸으나 이를 글로 남겨두려면 에우프라테스 강으로 가야 한다고 했다.

"그대들 로마 사람들은 협정을 잘 지키지 않는 버릇이 있으니 말입니다."

수레나는 이렇게 말하며 크랏수스에게 오른손을 내밀었다. 크랏수스가 사람을 보내 말을 가져오게 하겠다고 말하자 수레나는 그럴 필요 없다고 했다.

"왕께서 이 말을 선사하셨습니다."

그는 크랏수스의 곁에 황금 단추가 박힌 고삐를 씌운 말 한 마리를 대령시켰다. 마부는 크랏수스를 들어 올려 이 말에 앉히고는 그와 나란히 달리며 말을 채찍질해 속도를 높였다. 가장 먼저 크랏수스가 탄 말의 고삐를 잡은 것은 옥타비우스였으며, 그다음에는 군단 호민관 가운데 한 명이었던 페트로니우스가 고삐를 잡았다. 이어서 함께 있던 나머지 로마 사람들이 말을 멈추려고 그를 에워쌌고 측면에서 크랏수스를 향해 몰려들던 적들을 떼어냈다. 곧 몸싸움이 일어 큰 소동으로 이어졌으며 양쪽이 타격을 주고받았다. 옥타비우스는 칼을 뽑아 적의 마부를 죽였으나 다른 자의 손에 말에서 떨어졌다. 페트로니우스는 공격할 무기가 없었지만 가슴받이에 타격을 입은 뒤 다친 곳 없이 말에서 뛰어내렸다. 크랏수스는 포막사트레스라는 파르티아 사람의 손에 죽임을 당했다.

그러나 어떤 이들은 포막사트레스가 아닌 다른 사람이 크랏수스를 죽였으며 그자는 널브러진 크랏수스의 머리와 오른손을 잘랐다고 전한다. 그러나 이와 같은 구체적인 사항들은 추측일 뿐이지 확인된 사실은 아니다. 그 자리에서 크랏수스의 곁을 지켰던 로마 사람들 가운데 많은 수가 죽음을 맞았기 때문이다.

나머지는 산속으로 도망쳤지만 그곳으로 파르티아 병사들이 찾아와 수레나 장군의 뜻을 전했다. 크랏수스는 응분의 벌을 받아 마땅했으나 다른 로마 병사들은 두려워할 것이 없으니 산에서 내려와도 된다는 내용이었다. 그러자 일부는 산을 내려가 투항했으나 나머지는 밤새 흩어졌고 그 가운데 소수만이 도주에 성공했다. 나머지는 아라비아 사람들에게 쫓겨 사로잡혔으며 토막 나 죽었다. 총 원정을 통틀어 2만 2천 명이 죽었고 1만 명이 생포된 것으로 전해진다.*

PLUTARCH LIVES

니키아스와 크랏수스의 비교

I.

 두 사람을 비교해 보자면 먼저 니키아스의 재물은 크랏수스의 재물에 비해 훨씬 비난이 덜한 방식으로 축적되었다. 광산업이 그다지 존경받지 못할 일인 것은 사실이다. 대부분의 광산에서 범죄자나 외국인을 고용했으며 그 가운데 일부는 쇠사슬을 차고 일을 하다가 축축하고 불쾌한 곳에서 죽음을 맞곤 했기 때문이다. 그러나 나라의 이름으로 정적의 재산을 환수한 술라의 행위나 화재가 났을 때 불길 앞에서 거래 계약을 맺은 크랏수스의 행위에 비한다면 좀 더 긍정적으로 비추어질 것이다.

 실제로 크랏수스는 보통 사람이 농사를 짓거나 대금업을 하듯 이와 같은 기회를 적극적으로 활용했다. 그리고 재판에 부쳐졌을 당시 그가 부인했던 행위, 즉 원로원에서 관련 발언을 하는 대가로 뇌물을 받거나 같은 편을 배신한 일, 연약한 여인들을 달콤한 말로 기만한 일, 비열한 자들의 부정을 덮어준 일 등은 비록 혐의에 그쳤다 해도, 니키아스는 이같은 일을 했다는 의심조차 받은 적이 없었다. 그는 오히려 비겁했던 나머지 고발자들에게 돈을 아낌없이 쏟아붓곤 하여 비웃음을 샀는데 페리클레스나 아리스테이데스 같은 사람에게는 어울리지 않는 행위였을지언정 용기가 많지 않은 그에게는 꼭 필요한 행위였다. 이 같은 행동에 대하여 연설가 뤼쿠르고스는, 훗날 고발자를 매수했다는 혐의를 받았을 때 민중 앞에서 스스로를 두둔하며 이같이 말했다.

 "이처럼 긴 정치 인생을 보내는 동안, 돈을 받는 것이 아니라 주다가 들켰으니 다행 아닙니까?"

 지출에 관하여 말하자면 니키아스의 경우, 공공을 위하는 지극한 마음으로 신들에게 제를 올리고 대중에게 체육 경기와 잘 훈련된 합창 공

NICIAS AND CRASSUS

연을 베풀었다. 크랏수스는 한 번에 셀 수 없이 많은 사람들에게 만찬을 베풀고 그 이후 먹을 식량까지 제공했는데 니키아스의 재산과 지출을 다 합해도 크랏수스가 이때 지출한 액수의 10분의 1도 되지 않았다. 따라서 나는, 수치스러운 방법으로 돈을 모으고 쓸모없이 낭비하는 사람을 보고도 악독함이 일관성 없고 조화롭지 못한 성격의 일종이라는 것을 모르는 사람이 참으로 놀랍다.

II.

부의 축적에 관하여서는 이 정도로 족하다. 이제 정치 인생으로 넘어가자. 니키아스는 책략을 쓸 줄도 모르고 폭력, 가혹 행위도 저지르지 않았으나 오히려 알키비아데스에게 속임을 당했으며 민중에게 청을 할 때도 지나치게 조심스러웠다. 반면 크랏수스는 친구와 적을 몹시 옹졸하게 그리고 신의 없이 오갔다고 비난을 받았으며, 폭력에 관하여 말하자면 집정관 선거를 치를 때 사람을 고용하여 카토와 도미티우스에게 손을 댄 것을 그 자신조차 부인할 수 없었다.

또한 다스릴 지방을 배정하는 회의에서 여러 사람들이 상처를 입고 네 사람이 죽음을 당했는데 크랏수스는, 본편에서는 언급하지 않았으나, 반대 의견을 편 원로원 의원 루키우스 안날리우스의 얼굴을 주먹으로 때려 피를 흘리며 포럼을 떠나게 만들었다.

그러나 크랏수스가 난폭하고 독재적이었다면 니키아스는 그 반대의 극단으로 갔다. 공직에서 그가 보여준 수줍고 비겁한 태도, 그리고 누구보다 비열한 자들에게 보여준 복종적 행동은 무엇보다 극심한 비난을 받아 마땅하다. 실제로 크랏수스는 이런 면에서 일종의 숭고함과 배짱

니키아스와 크랏수스의 비교

을 보여주었다. 클레온이나 휘페르볼로스와 같은 자들과 상대한 니키아스와는 딴판으로 크랏수스는 그 눈부신 카이사르, 그리고 세 차례나 개선 행진의 영예를 안은 폼페이우스를 상대했다. 그는 두 사람의 앞길을 가로막는 것을 두려워하지 않았고 각각에 맞먹는 권력을 가지려고 했으며 이후 감찰관직에 올랐다는 점에서 지위로 보면 실제로 폼페이우스를 능가한 것이다.

정치 인생을 걸고 고귀한 투쟁을 벌이는 동안 시기심을 유발하지 않는 길을 택해서는 안 되는 법이다. 오히려 광채로 사람들을 눈부시게 하고 강력한 권력의 힘으로 시기심을 음지로 던져 넣어야 하는 것이다. 그러나 니키아스처럼 무엇보다 안정과 고요를 목표로 삼는다면, 그리고 연단에 오른 알키비아데스가, 퓔로스의 라케다이몬 사람들이, 트라키아의 페르딕카스가 두렵다면, 도시 안에서 모든 활동으로부터 소외된 채 유유자적하며 수많은 소피스테스들의 말대로 '스스로 평안의 왕관을 엮을' 수도 있다.

실로 니키아스의 평화 사랑은 신적인 측면이 있었다. 전쟁을 멈춘 일은 진정으로 헬라스다운 시각에서 비롯된 정치 업적이었다. 이 단 하나만의 업적으로도 크랏수스는 니키아스와 비교할 가치조차 없으며, 이는 크랏수스가 열성을 다해 카스피온 해 혹은 인디아의 바다를 로마 제국의 경계로 만들었다는 것을 고려해도 바뀌지 않는 사실이다.

III.

그러나 덕을 중시하는 나라에서 최고 권력을 휘두르는 사람은 비열한 자들에게 발판을 제공하거나 지휘할 줄 모르는 사람에게 지휘권을 맡기

NICIAS AND CRASSUS

거나 신의가 없는 사람을 신뢰해서도 안 된다. 니키아스가 부끄러움 모르는 연단의 싸움꾼일 뿐 나라에 아무런 도움이 되지 않는 클레온에게 스스로 군대의 지휘권을 넘긴 것은 바로 그러한 행동에 속했다.

크랏수스가 스파르타쿠스와의 전쟁에서 안전보다 신속함을 따져 무리하게 작전을 추진한 것을 칭찬하는 것은 아니다. 하지만 워낙 야망이 큰 사람이었기에 폼페이우스가 승리의 영광을 빼앗아갈까 전전긍긍했다는 것은 납득할 수 있다. 실제로 코린토스에서는 뭄미우스가 메텔루스의 승리를 빼앗아 간 적이 있었다.

그러나 니키아스의 행동은 납득할 수 없는 끔찍한 것이었다. 승리가 확실시되거나 심지어 수월해 보이는 상황에서 지휘권을 마다함으로써 적에게 유리한 결과를 초래했다면 이해할 만하다. 그러나 그는 지휘를 맡으면 큰 위험이 따를 것을 깨닫고 지휘권을 거부했다. 이것은 자신의 신변의 안전과 공동의 선을 맞바꾼 행위인 것이다. 반면 테미스토클레스는 페르시아 전쟁 중에 자격 없고 분별없는 자가 장군이 되어 나라를 망치는 것을 막기 위해 돈까지 주고 그를 막았다. 또한 카토는 나라를 위해 가장 많이 힘쓰고 가장 큰 위험을 무릅써야 할 상황이라는 것을 알고 집정관직에 나섰다.

반면 니키아스는 미노아와 퀴테라 그리고 딱한 멜리아 사람들에 맞서 군대를 지휘했으면서도 라케다이몬 사람들과 싸울 때가 되자 제복을 벗은 뒤 서투르고 성급한 클레온에게 함대와 군대, 무기, 그리고 고도의 경험을 요구하는 지휘권을 넘김으로써 자신의 명성뿐만 아니라 나라의 안보와 안정을 내팽개친 것이다.

이 때문에 그는 자신의 바람이나 성향과 반대로 쉬라쿠사이를 상대로 전쟁을 벌이도록 강요받았다. 사람들은 그가 온 힘을 다해 시켈리아와의

니키아스와 크랏수스의 비교

전쟁을 반대하는 이유가 그것이 도시에 유익해서라기보다 편안함을 추구하는 그의 성격과 사기 부족 때문이라고 생각했기 때문이다.

그럼에도 그는 상당히 분별력 있는 사람이었다. 그 증거로 니키아스는 언제나 전쟁을 반대하고 군사 지휘를 피했지만 아테나이 사람들은 끊임없이 그를 지휘관으로 선출했는데, 그가 가장 경험이 많고 뛰어난 장군이라고 믿었기 때문이다.

반면 크랏수스는 늘 군사 지휘권을 갈망했음에도 노예 전쟁을 제외하고 지휘권을 얻지 못했으며 노예 전쟁마저 폼페이우스와 메텔루스, 그리고 루쿨루스 형제가 모두 원정을 떠난 까닭에 어쩔 수 없이 맡게 된 것이다.

그 무렵 크랏수스는 이미 로마에서 최고의 명예를 누리며 영향력을 행사하고 있었다. 그럼에도 그의 가장 절친한 친구들조차 그를 '전장을 제외한 모든 곳에서 누구보다 용감한 투사'로 여겼다고 한 희극 시인은 말하고 있다. 그러나 이것도 크랏수스의 지휘 욕심에 의해 로마가 압도당하는 것을 막지 못했다. 아테나이 사람들은 니키아스를 그의 뜻에 반해 전장으로 내몬 반면 로마는 크랏수스에 의해, 의지에 반하는 전쟁을 하게 되었다. 로마는 크랏수스로 인해, 니키아스는 아테나이로 인해 불행을 겪은 것이다.

IV.

크랏수스를 탓하기보다 니키아스를 칭송할 이유가 더 많다. 니키아스는 현명한 지도자의 경험과 계산에 따라 행동하였고 동료 시민들의 헛된 희망을 나눠 갖지 않았으며 시켈리아를 빼앗는 것은 자신의 능력 밖이라고 고집한 반면 크랏수스는 파르티아 전쟁을 아주 수월한 일로 여기고 들어가는 실수를 했기 때문이다.

그러나 크랏수스의 목표는 원대했다. 카이사르가 서쪽 지역, 즉 갈리아와 게르마니아, 브레타니아 사람들을 잠재우는 동안 크랏수스는 동쪽 지역과 인디아로 행군하여 폼페이우스와 루쿨루스가 시작한 아시아 정벌을 완성하고자 했다. 그들 모두 선량한 의도를 갖고 있었고 누구에게나 부끄럽지 않은 행동을 하는 이들이었음에도 크랏수스와 같은 길을 걸었고 동일한 원칙을 따랐다.

폼페이우스 역시 지방을 배정 받을 당시 원로원의 반대를 겪었고 카토는 게르마니아에서 적병 30만 명을 무찌른 카이사르를 적에게 넘겨야 한다고 주장했다. 신뢰를 저버린 벌로 머리를 바치는 것이 당연하다고 주장한 것이다. 그러나 사람들은 카토에게 경멸의 눈빛을 날리며 돌아서서는 한껏 기뻐하며 카이사르의 승리를 기리는 뜻으로 보름간 신들에게 제물을 바쳤다.

만약 크랏수스가 바빌로니아에서 승전보를 보냈다면, 그리고 메디아와 페르시아, 휘카르니아, 수사와 박트리아를 짓밟고 로마의 영토로 선언했다면 과연 시민들의 반응은 어떠했을 것이며, 며칠 동안 신들에게 제물을 바쳤을 것인가? 에우리피데스의 말에 따라 '과오를 저지르지 않을 수 없다면' 즉 가진 것에 잠자코 만족하는 법을 모른다면 고작 스칸데이아 혹은 멘데를 약탈하거나, 고향을 버리고 새처럼 남의 영토에 몸을 숨긴 아이기나 피난민들을 못살게 구는 것으로는 부족하다. 불의를 저지르려면 훨씬 더 큰 보상을 추구해야 한다. 정의를 사소하거나 하찮은 것처럼 아무렇게나 바람 속에 던지거나 가장 그럴듯한 제안에 내주어서는 안 된다. 알렉산드로스의 원정을 칭송하면서 크랏수스를 탓하는 사

니키아스와 크랏수스의 비교

람은, 결과를 보고 그 시작을 규정하는 불공평한 판단을 하고 있는 것이다.

V.

두 사람이 원정 중에 보여준 지휘력을 비교해 보자면, 니키아스가 적지 않은 칭찬을 받아 마땅하다. 그는 여러 전투에서 적을 물리쳤고 매우 안타깝게 쉬라쿠사이를 놓쳤으며 그가 겪은 모든 실패가 그 자신의 탓은 아니었다. 그의 질병이나 고향에 있는 동료 시민들의 시기심도 한몫을 했다. 그러나 크랏수스는 너무나 많은 실수를 한 나머지 행운조차 그를 도울 기회가 없었다. 따라서 우리는 그의 우둔함이 파르티아의 전투력에 무릎 꿇었다는 것에 놀라워할 것이 아니라 늘 로마를 따르는 행운을 압도했다는 것에 놀라야 한다.

둘 가운데 한 사람은 예언에 심취해 있었고 다른 한 사람은 철저히 무시했지만, 두 사람 모두 같은 방식으로 생을 마감했기 때문에 이것으로부터 의미 있는 결론을 내리기는 어렵다. 그러나 위법과 고집을 일삼는 사람보다는, 예로부터 전해지는 일반적인 의견에 따른 지나친 조심성으로 일을 그르치는 사람이 낫다.

그러나 크랏수스의 죽음은 비난의 여지가 적다. 그는 투항한 것도 아니고 강요당하거나 속임을 당한 것도 아니다. 단지 동료들의 간청을 들어주었고 그로써 적의 배신에 희생당한 것이다. 반면 니키아스는 목숨을 구하고픈 나머지 수치스럽고 영광스럽지 못한 방법으로 적의 손에 자신을 내준 것이므로 더 불명예스러운 죽음이었다.